菲尔·赫尔穆斯传记

天 城　刘立奥◎著

电子工业出版社
Publishing House of Electronics Industry
北京·BEIJING

未经许可，不得以任何方式复制或抄袭本书之部分或全部内容。
版权所有，侵权必究。

图书在版编目（CIP）数据

菲尔·赫尔穆斯传记 / 天城，刘立奥著. —北京：电子工业出版社，2024.5
ISBN 978-7-121-47535-1

Ⅰ.①菲… Ⅱ.①天… ②刘… Ⅲ.①菲尔·赫尔穆斯 – 传记
Ⅳ.① K837.125.47

中国国家版本馆 CIP 数据核字（2024）第 059534 号

责任编辑：王小聪
印　　刷：三河市兴达印务有限公司
装　　订：三河市兴达印务有限公司
出版发行：电子工业出版社
　　　　　北京市海淀区万寿路 173 信箱　邮编：100036
开　　本：880×1230　1/32　印张：10　字数：176 千字
版　　次：2024 年 5 月第 1 版
印　　次：2024 年 5 月第 1 次印刷
定　　价：60.00 元

凡所购买电子工业出版社图书有缺损问题，请向购买书店调换。若书店售缺，请与本社发行部联系，联系及邮购电话：(010) 88254888，88258888。

质量投诉请发邮件至 zlts@phei.com.cn，盗版侵权举报请发邮件至 dbqq@phei.com.cn。

本书咨询联系方式：（010）68161512，meidipub@phei.com.cn。

前 言

◇
◆

菲尔·赫尔穆斯（Phil Hellmuth）是一位知名的职业扑克牌手，截至2023年，他在世界扑克系列赛（WSOP）中赢得了17条金手链，创造了历史上赢得最多WSOP金手链的纪录。他还是扑克名人堂的成员，是扑克界实力最强的人物之一。

菲尔·赫尔穆斯被誉为"扑克小子"（Poker Brat），因为他经常在输牌时发脾气和抱怨。他个性鲜明，总是我行我素，丝毫不在意别人异样的眼光。他既是扑克界一颗耀眼的明星，也是扑克史上最具影响力和争议性的人物之一。

但是，你知道吗？在成为扑克界巨星之前，菲尔·赫尔穆斯曾经是一个自卑、困惑、不安的青少年。他曾经在学习、运动、社交等方面遭遇过挫折和失败，也曾经对自己的未来感到过迷茫和绝望，最困难的时候，他甚至在扑克桌上输掉了所有的钱，连回家的路费都没有了。

那么，他是如何从一个普通人，一步步成长为扑克界的传奇人物的呢？他是如何在扑克中发现自己的天赋，找到激情和目标的呢？他又是如何在扑克赛中创造一个又一个令人惊叹的奇迹的呢？

这本传记就是要告诉我们这些故事。它向我们讲述了菲尔·赫尔穆斯从出生到2010年之间的经历。我们将会看到一个真实、鲜活、多面的菲尔·赫尔穆斯，一个拥有梦想、热情、挑战、痛苦、喜悦、爱情、友情、家庭等各种人生体验的菲尔·赫尔穆斯。

在菲尔·赫尔穆斯身上，我们能看到普通人的影子：小的时候，他在家庭和学校生活中会有奇思妙想，有多动症的烦恼，学习成绩差；青春期会发愁自己没有女生喜欢，用故意做坏事来挑战成人世界的规则；上了大学，他为自己所爱的扑克废寝忘食，甚至甘愿退学，以扑克为职业；成年后，他经历了事业失败带来的迷惘，不知道自己该走向何方；在事业终于有所成就的时候，他也会骄傲，享受着人们的赞美。

当我们用普通人的视角来看菲尔·赫尔穆斯的时候，就会发现他其实是个真性情的人，他有着自己的喜怒哀乐，高兴的时候笑得像个孩子，恼怒的时候对人破口大骂。作为知名度很高的世界扑克锦标赛冠军，菲尔·赫尔穆斯偶尔也会有"偶像包袱"，需要在记者面前展现出自己阳光自信的一面。他热爱扑克，更热爱与家人团聚的时光。菲尔·赫尔穆斯和我们一样，在十几年的岁月里一步步成长，从一个任性的男孩成长为愿意承担家庭责任的男人。

这本传记不仅是一本关于扑克牌手的书，更是一本关于人生的书。它将带你全面了解菲尔·赫尔穆斯这个人物，让你感受到人生的奋斗、成长、幸福和意义。如果你现在对人生感到迷惘，那么，你或许可以从菲尔·赫尔穆斯的身上找到一些答案。

无论你是一个扑克爱好者，还是一个初学者，抑或是一个对菲尔·赫尔穆斯感兴趣的人，我相信你都能从这本传记中获得一些启发和收获。我希望你能够享受阅读这本传记的过程，也希望你能够在阅读之后，对菲尔·赫尔穆斯有一个更加全面和深刻的认识，对扑克有一个更加热爱和尊重的态度，对人生有一个更加积极和豁达的心态。

最后，我还要感谢你选择了这本传记，感谢菲尔·赫尔穆斯本人，他不仅是一位伟大的扑克牌手，也是一位伟大的人物。他用自己的生命和事业，为我们树立了榜样。他让我们看到了扑克不仅是一种娱乐，也是一种艺术，一种哲学。他让我们看到了人生无限的可能性，人生可以是一场赌博，也可以是一场冒险、一场竞争、一场创造。我们要如何面对自己的人生？如何去选择接下来的每一步？菲尔·赫尔穆斯用他的实际行动告诉了我们他的选择，我们将从中得到启发。

我祝愿你在阅读这本传记的过程中，能够找到自己的人生乐趣和价值，也祝愿菲尔·赫尔穆斯在未来的扑克生涯中，能够继续创造更多的辉煌和奇迹！

引 言

◇
♦

在充满变数和竞争激烈的WSOP赛场上,菲尔·赫尔穆斯再一次遇到了自己的劲敌陈强尼。这一次,他早已磨刀霍霍,做好了与这个实力强大的扑克玩家决一死战的一切准备。或许陈强尼此时还不熟悉菲尔·赫尔穆斯的身影,但是菲尔·赫尔穆斯坚信,10分钟后,他要让陈强尼把自己的名字深深地刻在脑海里。

而陈强尼,毋庸置疑的实力派玩家,此时正值他的职业巅峰时刻。在过去的比赛中,他与菲尔交锋过几次,虽然每次都获得了胜利,但是他能感知到菲尔·赫尔穆斯这个小伙子的潜力之大,并且从来没有小瞧过他。他知道这个年轻人,也知道他将来必定会成为和自己比肩的风云人物。

比赛后期,四位玩家同坐一桌,随着其他玩家的逐步淘汰,赛场的气氛开始变得微妙。在玩家A加注之后,陈强尼用♠A-♠J跟注,然后玩家B也跟注,菲尔·赫尔穆斯率先做出了一个大胆的决定,他选择用自己的手牌进行加注,这一举动迫使本就没有什么优势的玩家 A 火速弃牌。陈强尼看向菲尔·赫尔穆斯,突然忍俊不禁,好像这个小伙子仍在为上次比赛中自己不留情面地打败他而心怀怨恨呢。然而,牌桌犹如战场,并无温情可言。现在是时候给对方好好上一课了,使其汲取教训,快速成长起来了。陈强尼坚定地继续跟注,而玩家 B 则选择弃牌。

牌桌上只剩下菲尔·赫尔穆斯和陈强尼了,他们之间仿佛掀起了一场看不见的风暴,观众们瞪大了眼睛,期待着这场精彩绝伦的比赛。

玩家 B 的弃牌使得菲尔·赫尔穆斯心中升起一股强烈的斗志。他渴望在这场对决中胜出,他渴望在这个又爱又恨的敌人面前证明自己的实力。甚至毫不夸张地讲,这简直就是为他定制的赛场,是天赐良机!他心里暗暗发誓:一定要在众目睽睽之下击败陈强尼,一雪前耻!

随着翻牌的发出,菲尔·赫尔穆斯将自己的思绪拉回到现实,重新进入状态。翻牌发出 10♦-8♠-3♥,陈强尼过牌,菲尔·赫尔穆斯也过牌,并且他计划在第四条街的时候打一枪。

转牌很快发出,此时的公共牌已经组成了 10♦-8♠-3♠-9♠,陈强尼依旧选择了过牌,菲尔·赫尔穆斯心中暗自骂道："陈强尼，你可真是个老狐狸！"但是，他并没有因为位置劣势而放弃和陈强尼的较量，而是选择加注半个底池，试图扭转局势。然而，陈强尼却以更加坚定的姿态，用更多的筹码反击——再加注。这个行动让菲尔·赫尔穆斯瞬间感受到了压力，他没有过多思考就选择了弃牌。

陈强尼对菲尔·赫尔穆斯笑了笑，并且用手指了指自己的手牌。似乎是在炫耀自己的牌，又像是再次告诉他："你又输给我了哦！"菲尔·赫尔穆斯瞬间怒气冲冲。

他生气并不是因为觉得陈强尼在嘲笑他，而是愤怒自己又一次输给了陈强尼，并且还是被他用同样的方式打败了。

他站起来对陈强尼大声说道："陈强尼！你给我记住！我不可能再让你在大型扑克锦标赛中打败我了！"那个扑克小子此时就已经锋芒毕露了。在场的玩家都笑了，那是切切实实的嘲讽。因为陈强尼是当时世界上公认的最强的扑克牌手之一，而菲尔·赫尔穆斯只是一个24岁还没有参加过几次比赛的后生。全场唯独陈强尼没有笑，他知道这个努力踮着脚也要出现在自己面前的小伙子不是说说而已，他静静地注视着菲尔·赫尔穆斯，若有所思……

这手牌堪称菲尔·赫尔穆斯的觉悟之战，十分精彩。

我之前曾写过一篇关于这手牌的 GTO 分析，大家若有兴趣了解菲尔·赫尔穆斯的手牌，并想看到我对这手牌的分析，请扫码添加我的微信"教练说德州 bilibili"，获取答案。

目 录
CONTENTS

第一章　青少年时期的菲尔·赫尔穆斯

童年与家庭　·　002

兴趣与天赋　·　007

大学里的扑克　·　012

图利——一生的朋友和老师　·　017

屡次失败的拉斯维加斯之旅　·　020

第二章　扑克之路，启程！

大艾尔——带菲尔·赫尔穆斯见识更广阔扑克世界的人　·　024

修心　·　029

制定人生目标　·　033

扑克生涯中的首次被认可　·　039

1988年坎坷的 WSOP 征途　·　042

第三章　职业生涯的第一次大起大落

洛杉矶大胜利　·　053

不堪回首的黑暗时光　·　065

一场失败的扑克之旅　·　067

失利于马耳他之旅　·　069

马蹄铁酒店赌场的至暗时刻　·　072

第四章　夺得1989年WSOP主赛事冠军

超级明星扑克锦标赛之旅　·　076

加勒比号上的作弊　·　079

创造新纪录前的最后准备　·　082

不好打的1989年WSOP　·　084

1989年WSOP主赛事之第一天　·　087

1989年WSOP主赛事之第二天　·　089

1989年WSOP主赛事之第三天 · 092

1989年WSOP主赛事之第四天 · 096

菲尔·赫尔穆斯与陈强尼终极对决 · 103

第五章　爱情与家庭

在伦敦的胜利 · 111

与爱人的初识 · 114

大战美洲杯 · 119

未拿到的最佳全能选手奖 · 121

甜蜜的热恋时光 · 125

糟糕的扑克游戏 · 128

迈向婚姻 · 132

举办婚礼和蜜月旅行 · 137

家庭的力量 · 142

第六章　起起落落的90年代

1992年WSOP胜利之旅　·　149
1993年WSOP大获全胜　·　153
平平淡淡的岁月　·　160
1995年的名人堂扑克经典赛　·　166
"送"房子的约翰·波诺　·　170
1997年的WSOP——扑克史上最难打的一桌牌　·　178
1998年的扑克嘉年华和WSOP——高开低走　·　185
1999年的WSOP——合作愉快　·　189

第七章　迈向新世纪

2000年失败的扑克嘉年华和WSOP　·　194
完美的维也纳之旅　·　199

把扑克带入新时代的孔卡相机 · 204
2001年的WSOP——王者归来 · 209
10倍优势怎么会输？偏偏就输了！ · 213
"杀人诛心" · 215
终生难忘的两局 · 219
泰德的钱袋子 · 222

第八章　新的成长

感情的裂痕 · 225
"在家控制音量" · 229
"家不是讲道理的地方" · 231
"凯西做出了很大让步" · 234
成长的延伸 · 237
背叛与宽恕 · 246

第九章　职业的黄金时代

刊登在《纽约时报》上的畅销书　·　251

2004 年的 WSOP 和冠军赛　·　261

2005 年冠军锦标赛大捷　·　267

2005 年 WSOP 金手链之战　·　275

在总统面前演讲　·　282

第十章　热爱并前进

蒙特卡洛的噩梦　·　287

刺激的 2007 年 WSOP　·　291

2008 年 WSOP 主赛事："嘴炮小王子"上线　·　296

USO 扑克巡演和黑色星期五　·　299

展望美好未来　·　302

第一章 青少年时期的菲尔·赫尔穆斯

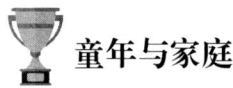 **童年与家庭**

说起菲尔·赫尔穆斯，你会想到什么？除了那惊人的运气和神乎其神的扑克牌技术，他令人印象最深刻的应该就是那总是无法控制的坏脾气了吧？他总是不合时宜地大叫，看起来粗鲁又幼稚，像个永远长不大的坏孩子，所以他才被称为"扑克小子（或者说"扑克顽童"更确切一些）"。但是，如果你了解了他童年的经历，你可能会改变对他的看法。奥地利心理学家阿德勒曾说："幸福的人一生都被童年治愈，不幸的人要用一生治愈童年。"菲尔·赫尔穆斯很明显就是后者。

1964年7月16日，菲尔·赫尔穆斯出生在威斯康星州的麦迪逊市，他家就在华盛顿大道上，离威斯康星州的首府只有几个街区。1970年，他6岁的时候，全家搬到了一幢更大的房子，在杰斐逊街2005号，离他们在范布伦街的房子只有两个街区。从那时起，他在埃奇伍德小学度过了好几年时光。

在菲尔·赫尔穆斯7岁的时候，他就已经有了6岁的弟弟戴夫，5岁且有发育障碍的妹妹安，2岁的妹妹可莉和刚出生的妹妹莫莉。孩子众多，让幼小的菲尔·赫尔穆斯很难博得父母的关注，他在自传中说道："我想，小的孩子得到最大限度的关注是很自然的，但也不应该让大的孩子（尤其是我）感到缺乏关注！"当一个年幼的孩子不能得到来自父母的关注时，他就会通过更为激进的途径来吸引别人的注意。

于是，菲尔·赫尔穆斯便开始了他的"顽童"之路。他对自己的弟弟妹妹搞恶作剧，直到他们恳求父母介入；或者故意忘记父母让他去做的一些家务，比如倒垃圾，让他们生气。当这些行为令父母恼火的时候，他便感觉获得了"某种胜利"，这种感觉又会使他继续做出更过分的事情。

上学期间，菲尔·赫尔穆斯的学习成绩非常差，他认为自己患有注意缺陷多动症（ADHD）。这导致他总是忘记写作业，上课迟到，在课堂上聊天，难以集中注意力。再加上由于他的童年过于缺爱，他太需要获得关注了，致使在他的潜意识里，他的表演倾向很严重。他在学校也因"过分活跃"的性格而缺乏愿意与他交往的朋友，而缺乏朋友又反过来令他的社交技能更加差劲。社交的失利，让他的整个青少年时期都笼罩着自卑的阴影。

永远得不到认可的小学生活，以及明显不受欢迎的高中生涯，是菲尔·赫尔穆斯青少年时期最深刻的记忆。他的父亲老赫尔穆斯一生要强，他有着法学博士学位以及工商管理硕士学位,而且他一辈子都在威斯康星大学工作。这样的教育履历不允许他的孩子在学校里成为一名学渣,尤其是作为长子、要时时刻刻给弟弟妹妹做个榜样的菲尔·赫尔穆斯。

多年后,菲尔·赫尔穆斯回忆起青少年时期的自己时,他这样写道:"他希望我在学业上做得很好,我没有。他希望我成为一名有竞争力的游泳运动员,我也没有。他希望我在学校努力学习,无论我尝试做什么都行,但我都没有。我的父母都认为我没有纪律,在我成长的过程中,我们经常争吵,因为我似乎让他们失望了。我没有能够长期交往的朋友,而且我在学校的表现也很差,我的自我评价总是很低。为了'坐实'我对自己如此低的评价,我开始有意识地塑造一个自我。"再加上他手上的疣,脸上的痤疮,以及字里行间透露着的沮丧,很难想象这种压力背负在一个十几岁的孩子身上会发生什么。

中学,正是孩子的心理快速成长的阶段,他们的内心格外敏感,尤其是对自己的外表和他人的评价。很不幸,在上高中的时候,菲尔·赫尔穆斯的手上没来由地长出了许多难看的疣,它们覆盖了他双手的每根手指背面。那个时候,菲尔·赫尔穆斯最害怕听到的话就是"你的手真丑",最害怕发生的事情就是他长满疣的手背被别人看到。为了掩盖自己的手背,他学会了用右手手背做事情,试图用右手和所有手指朝上写字,虽然这样会导致他的拇指写几个字就感到疼痛，而且很难写出清晰的字，但只要能把手背掩盖住，他做这一切都是值得的。

上学时，菲尔·赫尔穆斯总是非常在意他的手。当他打开储物柜时，他担心有人看到他的手，所以他会让自己的双手朝上打开储物柜；当他在学校的大厅走来走去时，他把手腕翻转，这样就没人能看到他的手背，或者把它们藏到长袖衬衫或夹克里，或者把它们放在腋下。骑自行车去学校，对他来说是一个特别的挑战，他把手放在腋下，学会了不用手把着骑自行车。

在他的百般要求下，父母终于带他去看了家庭儿科医生，医生告诉他，如果切除了疣，他的双手就会留下伤疤，但只要能坚持到正常的肉长出来，就会和正常的手一模一样了，但那需要很长时间。这件事他虽然最后做到了，但是在整整两年的高中生活里，他每时每刻都在不断地隐藏自己的手。

这件事给菲尔·赫尔穆斯带来了深远的影响，他认为自己在大一没有交任何朋友，甚至没有和老朋友出去玩，都是因为不想让任何离他足够近的人看到他的手。这件事也沉重地打击了他的自尊心，令他的内心越发自卑。

巨大的压力令菲尔·赫尔穆斯喘不过气来，于是，他的反抗也随之而来。叛逆是青春期的孩子反抗父母最直接的方式，他开始故意做坏事，和父母作对，入店行窃，扮演不良少年，直到 16 岁。

正因为自卑，他才会对尊重如此敏感。这种敏感成了他人格中牢固的一部分，直到他成年之后，他依然会不受控制地在各种场合莫名其妙地发脾气。有人说他"过度反应"显得很幼稚，但这一切都是有源头的。

 **兴趣与天赋**

虽然经历了不是很幸福的童年和青少年,但菲尔·赫尔穆斯并没有完全在压力下失去对自己的认可。相反,正是因为缺乏外界的反馈,他才把更多的注意力放在挖掘自身的天赋上。

菲尔·赫尔穆斯发现自己具有"改变现实世界"的天赋,这是他在上幼儿园的时候发现的。他将其命名为"倾斜系统",并坚信这个系统可以让他在生活中获得任何他想要的东西。他这样理解这个系统:

他首先在心里说:"我希望 X 发生。"如果它没有发生,他就会说:"我不希望 X 发生。"如果这都不起作用,他就会说:"我希望 X 发生,我不希望 X 发生。"所以,他会从一个积极的倾斜中找到他真正想要的东西,然后从一个消极的倾斜中找到他不想要的东西。根据他的理论,每天都有一种新的倾斜方式在生效或起作用。而且,他认为这种倾斜是有规律的,三天为一个周期,他也为总结这个规律做了很多努力。

从今天的角度来看,这是一种类似把控直觉的力量,有些人确实生来在这方面就具有较高的天赋。在心理学上,直觉也被称为"第六感"。拥有超强第六感的人,主要表现为有着敏感的内心、丰富的生活经验、灵敏的反应能力和适应能力,以及活跃的思维和创造力。菲尔·赫尔穆斯可能是天生的"超直觉者",这也可以用来解释他后来在牌桌上为什么总能拥有很好的运气,总是打出令人难以捉摸的牌,因为他可以通过直觉来预测自己是否会赢。

小学三年级的时候,菲尔·赫尔穆斯发现自己拥有表演天赋,因为他曾经在没有任何经验的情况下,在华盛顿大学校园里拍摄的一部小电影中赢得了一个角色。这使他得到了鼓励,多年以后,菲尔·赫尔穆斯依然用他自己的方式,在牌桌上表演着专属于他的滑稽艺术。

小学五年级的时候,菲尔·赫尔穆斯发现了"意念的力量",与超强的直觉不同,这种意念是一种自我暗示,它可以通过内心的想象改变自己的状态,并促成这件事情。菲尔·赫尔穆斯之所以能发现这个力量,归功于他的母亲。

那时,他的母亲会在浴室镜子上贴一张卡片,上面写着:

你就是你所想的那样;

你变成了你的想法;

你的想法就能变成现实。

菲尔·赫尔穆斯和他的弟弟妹妹们十多年来坚持每天阅读这段文字,不断强化自己内心的意识。对菲尔·赫尔穆斯来说,这段文字意味着他可以从他的想法开始,建立自己的现实。只要在心中种下一颗种子,并坚持下去,就可以获得成功。多年以后,菲尔·赫尔穆斯认为,这段文字对他的人生产生了深远的影响,因为他开始相信他可以用自己的想法为自己创造一些伟大的成功。而且,他目睹了妹妹安·赫尔穆斯的成功。

菲尔·赫尔穆斯的妹妹安·赫尔穆斯，在很小的时候就被诊断出有学习障碍。她不得不去特殊学校，上着特殊的课程，忍受着人们把"愚蠢"或"行动迟缓"这些词加在她的身上。但是，安·赫尔穆斯从未放弃自己，在高中时，她积极训练，并于1999年在北卡罗来纳州举行的世界特殊奥林匹克夏季运动会上赢得了三枚游泳金牌。随着她成功的消息传开，她加入了威斯康星特奥委员会，面对成千上万的同龄人发表演讲，甚至在麦迪逊地区技术学院完成了大学的课程。后来，她在麦迪逊的一个日托中心做照顾孩子的工作，并坚持了20年。

妹妹的成功极大地鼓舞了菲尔·赫尔穆斯，见识过了真正的强者，他便再也无法忍受身边那些软弱的人。很多时候，与菲尔·赫尔穆斯有过交流的人都说他冷漠，因为他总是在那些人畏惧困难的时候，对他们说：不要告诉我你的弱点，也不要告诉我你做不到。告诉我你的长处，并告诉我你能做到！这些话可以帮助你塑造你的生活，并深刻地影响你的人生。

菲尔·赫尔穆斯并不在意别人对他的意见，他只知道，一定要相信自己是一个伟大的扑克玩家，而且他已经成为一个伟大的扑克玩家，并且在全世界获得了声望。

自己游戏的天赋，菲尔·赫尔穆斯是在祖父为他们全家提供的度假小屋里与家人一起玩的时候发现的。从很小的时候开始，菲尔·赫尔穆斯与家人每年都去那个美丽的度假小屋里居住一个月，全家人在里面玩家庭游戏。菲尔·赫尔穆斯是家里的游戏之王，他每年都会保持绝对的领先优势，无论是跳棋、纸牌，还是拼字游戏、大富翁游戏，菲尔·赫尔穆斯都能轻松获胜。这和他与生俱来的超强的理解力有关，他总能对这些游戏的规则、策略有更好的理解，知道自己该怎样做才能赢。可以说，他就是天生的游戏赢家。

菲尔·赫尔穆斯对游戏保持着持续的专注，无论玩什么游戏，他都能很容易地全身心投入其中，甚至连掩饰情绪都忘记了。他在意输赢，赢了会尽情地嘲讽对手，输了就会抱怨。多年来，他从未变过。

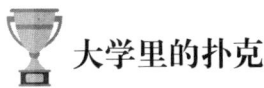 ## 大学里的扑克

菲尔·赫尔穆斯在成为举世闻名的扑克冠军之前,一直都在孜孜不倦地玩各种各样的游戏。他掌握了几十款游戏的每一个战略优势,尤其是扑克方面,原因很简单,因为可以赢钱。

当他玩扑克赚了些钱后,他就会寻找一些地下扑克室,拿着这些钱继续玩。在这里,他可以找到一些激情,比如,他偶尔也会在一些歌词中,畅想着自己未来某一天,在赌城拉斯维加斯狂欢。可能是心理暗示的力量,也可能是"倾斜系统"起了作用,后来的事情我们都知道了,他在拉斯维加斯创造了扑克史上最伟大的辉煌。

菲尔·赫尔穆斯在大学三年级的第二学期开始参加篮球训练。一天晚上，训练即将接近尾声，临走之际，球友戴夫对菲尔·赫尔穆斯说道："我不能决定今晚是回家找妻子还是打扑克。"这句话让菲尔·赫尔穆斯重新想起了十几岁时打扑克的事情，于是他跟着戴夫来到了扑克室，而那正是菲尔·赫尔穆斯第一次接触德州扑克的地方。

德州扑克的玩法很简单，每人都拿到两张牌，五张公共牌面朝上放在桌子中央。谁手上的两张牌和五张公共牌能组成最大的组合，谁就能赢，刚刚认识德州扑克的菲尔·赫尔穆斯对这个与众不同的扑克游戏很好奇，于是他第一次坐在了德州扑克的牌桌上，也是在这里他认识了将他真正带入德州扑克世界的挚友和老师——图利·哈罗米。

回到两人初识的那一夜，菲尔·赫尔穆斯递给图利一张20美元的钞票，换取了筹码，坐在牌桌前，第一次玩起了当时在威斯康星州还鲜为人知的德州扑克。

在无限注德州扑克中，发牌者给所有的玩家发两张牌。在游戏开始之前，小盲位和大盲位玩家首先下注。小盲位玩家坐在庄家的左边，大盲位玩家则坐在小盲位玩家的左边。接下来是第一轮的投注，行动总是顺时针从庄家后面的人开始。第一轮投注完成后，发牌者发出三张牌面朝上的公共牌。然后，进行第二轮投注，投注完后发出第四张牌面朝上的公共牌。接下来，完成第三轮投注，并发出最后一张牌面朝上的公共牌。最后，完成第四轮，也是最后一轮的投注。此时桌上有五张公共牌，每人手中的两张牌与五张公共牌中的三张牌组合成五张牌，牌最大的那个人获胜。

菲尔·赫尔穆斯被这个游戏吸引的地方在于，这个游戏可以在任何回合下任何赌注，这是一种全新的刺激。有时人们为了赢，还会使用诈唬、埋伏等战术，以实现收益最大化。菲尔·赫尔穆斯仅用了一晚上就彻底迷上了德州扑克，而这得益于来自拉斯维加斯的图利带来了这款游戏。

第一次玩德州扑克，菲尔·赫尔穆斯输了 20 美元。但他不死心，于是第二次，他输了 40 美元。到了第三次，他运气爆棚，赢了 450 美元，这是他从未见过的"巨款"。于是，菲尔·赫尔穆斯陷入了通过玩德州扑克赢大钱的美梦中无法自拔，他甚至想从大学退学，去拉斯维加斯做职业牌手。在又一次输光了所有现金后，菲尔·赫尔穆斯连吃饭的钱都没有了，就连驾照都被图利扣下，借来了 110 美元的现金。

无奈之下，菲尔·赫尔穆斯只能向父亲求助。然而，由于之前他对金钱的规划不足，致使他不得不多次向父亲要钱，现在他的父亲已经不再相信他了。这一次，父亲决定对他采取强硬态度。而他在没有了生活费之后，更加坚定了退学找工作的决心。

1985 年春天，菲尔·赫尔穆斯开始旷课找工作，最后来到了布莱恩农场，以每小时 6 美元的工资，在那里工作了三个月，不仅赚到了生活费和额外的 800 美元，还把驾照给赎了回来。从农场辞职后，菲尔·赫尔穆斯并没有回到大学继续完成学业，而是开始了他的"扑克求学之路"。

在学习德州扑克策略的过程中，图利为菲尔·赫尔穆斯提供了很多思想上的指导，比如不要玩太多的手牌、要有足够的耐心等。而菲尔·赫尔穆斯也很有自己的想法，他认为图利那种消极等待对手犯错出局的打法太保守了，虽然也能赢但效率不高，而且也不符合自己的风格。于是，他在图利方法的基础上，增加了更多虚张声势的部分，并且取得了不错的效果。随着牌技日渐精进，菲尔·赫尔穆斯发现，能与他抗衡的对手现如今只有图利一人了。

1985 年 7 月 16 日凌晨两点，这是一个特别的时刻，在这里，菲尔·赫尔穆斯迎来了和图利的决战。这天晚上不出意外地进行到了很晚，其他人陆陆续续离开了牌

桌，只剩下坐拥1200美元筹码的图利和150美元筹码的菲尔·赫尔穆斯。图利没有把菲尔·赫尔穆斯放在眼里，他甚至不屑于把手里的筹码兑现一部分，而是直接堆在了菲尔·赫尔穆斯的面前，似乎在用这种行为告诉他："有本事，你就把这些都赢走，但我能猜到，你的筹码很快就会成为其中的一部分。"在图利看来，面前这个21岁的男孩是个不惧怕老虎的牛犊，虽然气势很足，但对他形成不了什么威胁。

经过几轮交锋之后，菲尔·赫尔穆斯发现了图利的一个致命错误：他没有及时调整他的策略，由于过度适应一对一的比赛，以至于他在弱牌中投入了太多的筹码。更要命的是，图利没有发现这个游戏的窍门，而菲尔·赫尔穆斯却发现了：用大牌玩大底池，小牌玩小底池，这样才能保证赢多输少。在发现这个诀窍之后，菲尔·赫尔穆斯连接赢下了几个大底池，开始扭转局势。

在那天的比赛中，菲尔·赫尔穆斯的体力也占很大的优势——他白天睡了一整天，当时正处于精力充沛的阶段，而图利已经将近30岁了，还工作了一整天，现在已经疲惫不堪。所以，到了最后，菲尔·赫尔穆斯终于第一次打败了图利，并赢得了那1200美元！而且，从那天晚上开始，图利再也不敢把这么多筹码放在菲尔·赫尔穆斯面前了。

图利——一生的朋友和老师

关于图利，菲尔·赫尔穆斯对他的描述是"一个黑头发、棕色眼睛、超级瘦的男人，身高大约6英尺1英寸（约185厘米），鼻子又尖又长。他总是穿一件有口袋（用于存放钢笔、笔记卡等）的衬衫，戴着厚厚的黑色边框眼镜，看起来就像一个十足的书呆子。"他们初识的那年，图利28岁，来自拉斯维加斯，因此他非常了解德州扑克和WSOP。在那个网络尚未普及的年代，图利为菲尔·赫尔穆斯带来了一个全新的梦想，在那个梦想里，他只要玩扑克游戏，就可以拥有金钱和名望，就可以实现任何理想。

在大学还没毕业的菲尔·赫尔穆斯的眼里，图利是一个令人印象深刻的人，他不仅十分富有，在麦迪逊市有一所不错的房子，还非常聪明，是一个国际象棋大师，精通21点扑克游戏，还拥有计算机编程的学位。图利当时在华盛顿大学从事关于如何延长人的寿命的高级生物学研究。1978年，18岁的图利就成为拉斯维加斯内华达大学计算机系统的程序员，时薪为25美元（相当于现在的每小时200美元）。而且，图利还有一个卫星天线，可以实时连接到芝加哥证券交易所期权交易所，在那里他有自己的席位，在1986年那个席位价值20 000美元。可以说，图利简直就是菲尔·赫尔穆斯眼中的神，一个集齐了世间所有优点的完美的人，一个真正的超级天才。

菲尔·赫尔穆斯对图利的感情十分深厚，作为德州扑克领域出了名的"坏脾气男孩"，菲尔·赫尔穆斯十分抗拒在输掉底池之后被人看到手牌，因为这会让他感到羞耻，但图利是个例外。当两个人一起打牌的时候，尽管非常不情愿，菲尔·赫尔穆斯还是愿意满足图利的要求，在失败之后亮出手牌，哪怕这样会导致他自己的情绪变得更差。能让胜负心极强的菲尔·赫尔穆斯做到这种程度，可见图利在他心中的地位。

在很长的一段时间里，菲尔·赫尔穆斯都觉得图利很像一台电脑。即便他对图利生气，图利也仿佛没有受到任何影响，那样子简直就是一个没有感情的机器，菲尔·赫尔穆斯看到后就会变得更加生气，直到被气得对他大喊大叫。而且，图利似乎也没什么情商，比如菲尔·赫尔穆斯想和女友约会的时候，图利竟然问自己能不能一起去。

对外界的反应如此冷淡，以至于菲尔·赫尔穆斯认为图利是一个性情温和、患有孤独症的超级天才，不能理解情感和社会规则，所以菲尔·赫尔穆斯也不会给他多少尊重。一开始，和菲尔·赫尔穆斯一起玩扑克的朋友都不理解为什么他偶尔会对着彬彬有礼的图利大喊大叫，后来他们懂了。虽然偶尔生气，但在菲尔·赫尔穆斯的眼里，图利依然是他近十年来最好的朋友，结婚的时候，他还邀请了图利，并向自己的亲朋好友介绍了他。

　　后来，图利离开了麦迪逊市，和菲尔·赫尔穆斯完全失去了联系。虽然图利有菲尔·赫尔穆斯和他父母的电话号码，但他从来没有主动联系过，只有在拉斯维加斯的扑克锦标赛相遇的时候，图利才会上来找菲尔·赫尔穆斯打招呼。从最好的朋友到再也不和你联系，菲尔·赫尔穆斯不理解为什么图利会变成这样，但他一直没有问。令人遗憾的是，2006年图利死于一场车祸，菲尔·赫尔穆斯不久之后也知道了这个消息。

屡次失败的拉斯维加斯之旅

1985年11月，菲尔·赫尔穆斯开始计划他的第一次拉斯维加斯之旅。21岁的他怀揣梦想，迫不及待地想一睹世界赌城的风范，在这之前，他脑海中已经幻想了无数次坐在拉斯维加斯赌场打德州扑克的场景。那个时候，图利也正好在拉斯维加斯的父母家中度假，菲尔·赫尔穆斯想着还可以顺便去拜访他。于是，只筹备了一个月的时间，菲尔·赫尔穆斯就在1985年的最后一天坐上了飞往拉斯维加斯的航班。

去拉斯维加斯之前，菲尔·赫尔穆斯的银行账户里有将近12 000美元，这是他在麦迪逊市的牌桌上一点一点赚来的，是他准备用来发家致富的本金。当时的他已经还清了所有的学生贷款，他的内心还在庆幸：还好没有待在学校，不然怎么能这么快就赚到这么多钱！既然大学毕业了也要工作，那干脆把打扑克当成工作不就行了。

晚上7点左右，菲尔·赫尔穆斯到达了拉斯维加斯，入住沙丘酒店（沙丘酒店就在贝拉吉奥大酒店现在所处的位置）。他把包扔在酒店的房间后，就迫不及待地走进了一家扑克室，凑巧的是，他正好撞见了电视明星萨瓦拉斯，还坐在了他的左边。对于从未见过明星真人的菲尔·赫尔穆斯来说，这让他心里非常激动。

来到拉斯维加斯后，菲尔·赫尔穆斯被这里的繁华彻底吸引了，他连续玩了大约40小时的扑克，都不想停下来休息一下。这是他在麦迪逊市养成的习惯，因为麦迪逊市的扑克游戏时间有限，所以他想争取每一次都把时间打满，直到打败所有人。为了打扑克，他每天的时间是这样安排的：睡觉—打扑克，然后没有其他的了。他这种对扑克痴迷的精神真是令人敬佩。在拉斯维加斯的这几天，他终于意识到，拉斯维加斯的扑克是7×24小时开放的，它不可能停下来。所以，"戒瘾"成了菲尔·赫尔穆斯在拉斯维加斯的第一节必修课。

跟着图利搬进了图利父母家，并好好休息了一天后，图利带着菲尔·赫尔穆斯去了沙丘酒店附近的星尘酒店和赌场的扑克室。在这里，他们玩了有限注的德州扑克（限制最大加注数）。这次的游戏给菲尔·赫尔穆斯带来了与无限注的德州扑克完全不同的体验。除此之外，菲尔·赫尔穆斯还在这里第一次玩了21点、掷骰子和百家乐。这些游戏令菲尔·赫尔穆斯感到新奇，但他很快就发现它们很危险，最好不要过多接触，因为这些游戏是纯靠运气来赌输赢的，是典型的赌徒游戏。这次的拉斯维加斯之旅，让菲尔·赫尔穆斯损失了5000美元，最后只能夹着尾巴飞回了位于麦迪逊市的家。而这次失利的直接原因，就是他在这些赌徒游戏中输掉了太多的钱。

从拉斯维加斯回到家之后，菲尔·赫尔穆斯就越发迫切地想再次攒够钱去拉斯维加斯玩个痛快。也是从那时候开始，菲尔·赫尔穆斯的牌运形成了一个奇怪的模式：他在麦迪逊会赢，然后在拉斯维加斯会输。1986年1月，他第一次去拉斯维加斯没有成功，回到家后却赢了很多，这可以归功于他在拉斯维加斯学到的新打法，尤其是在输牌中总结出的教训。在一个群英荟萃的地方，每个人都是他们家乡的冠军，每个人都希望在更大的舞台上更进一步，这里的竞争比家乡的激烈千百倍，菲尔·赫尔穆斯也成了失败者的一员。但他并没有因此受挫，而是更加充满斗志，向命运发起了挑战。

菲尔·赫尔穆斯花了两个月的时间，在麦迪逊通过打扑克赢了大约7000美元之后，第二次前往拉斯维加斯。这次他直接住在星尘酒店和赌场玩有限注德州扑克、掷骰子和百家乐。

同样的错误再次犯下，短短12天的时间里，菲尔·赫尔穆斯的5000美元又一次全部输在了赌徒游戏上。于是，他再次狼狈地逃回了麦迪逊。经过两次惨痛的教训，菲尔·赫尔穆斯在心里暗暗发誓：这次绝对不玩赌徒游戏了！

第二章 扑克之路，启程！

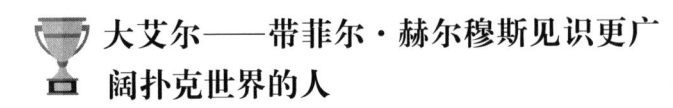

大艾尔——带菲尔·赫尔穆斯见识更广阔扑克世界的人

一个月后,菲尔·赫尔穆斯再次在麦迪逊的牌桌上赢下了足够多的钱,他开始计划第三次去拉斯维加斯。

这次在拉斯维加斯,菲尔·赫尔穆斯认识了他生命中的第一位职业牌手——人称"大艾尔"的艾默生。大艾尔居住在威斯康星州的拉克罗斯市,距离麦迪逊市约90英里(相当于144.81千米),在密西西比河上。大艾尔留着浅棕色头发,有着棕色的眼睛,身高2米,体重100公斤,是一个看上去十分凶悍的壮汉,但实际上他的性格十分温和,给菲尔·赫尔穆斯留下了很好的印象。他当时在美国中西部也算是一位名人,只要是有他参加的扑克游戏都会十分火爆,虽然他总是最后的赢家,但人们还是非常希望能和他在一张牌桌上打扑克。

大艾尔带着菲尔·赫尔穆斯在拉斯维加斯打牌的同时,还为他讲述了很多关于德州扑克的新鲜事,比如威斯康星州哪些扑克游戏比较有名,哪些人的名气比较大等,这些信息让菲尔·赫尔穆斯见识到了更广阔的德州扑克的世界。

尽管两个人的家乡相距约90英里,并不是很近,但在接下来的几年里，他们一起游历了中西部，如果说图利是把菲尔·赫尔穆斯带入德州扑克世界的人，那么大艾尔就是让菲尔·赫尔穆斯认识并融入这个世界的人。在大艾尔的带领下，菲尔·赫尔穆斯在麦迪逊、拉克罗斯、明尼阿波利斯和北达科他州的法戈等地找到了当地的德州扑克游戏举办地点。

在两人四处游历的这几年里，菲尔·赫尔穆斯通过观察大艾尔，了解到了一位职业扑克牌手的生活，他发现职业牌手的生活并没有像他想象中那么快乐——只要打牌就能轻松赚很多的钱。相反，职业牌手背负的压力是很大的，有时候不仅会输光自己的钱，还会背上债务。

以下是关于大艾尔的故事：

星期一早上，他运气爆棚，赢了2000美元，而在20/40美元的有限注德州扑克中输光了。

6小时后，他向朋友杰里借了500美元，继续打扑克，然而他在自己擅长的无限注德州扑克中又输了4000美元。关键是这局游戏的对手都是不会玩德州扑克的明尼阿波利斯人，这让他大为光火。

随后，他又输掉一个8000美元的底池，此时的他净亏损已达到7500美元，他账户中的余额只剩下2600美元。

通过观察大艾尔的扑克生活，菲尔·赫尔穆斯发现了一个规律：在他们的扑克世界中有一种"借贷制度"，就是当有人打牌处于劣势，需要更多的钱的时候，一起玩牌的人就会借给他，让他得到翻盘的机会。大艾尔非常喜欢在输光之后借钱继续打牌，但这样做并不能让他的状态变得更好，相反，用借来的钱打牌反而会让大艾尔输得更快。后来，经过亲自验证之后，菲尔·赫尔穆斯发现这个规律在他自己身上也同样适用。

以菲尔·赫尔穆斯从小就缺乏安全感的性格，他从心底里不喜欢这种"借贷制度"，因为它是不确定的，很容易让人陷入焦虑。于是，菲尔·赫尔穆斯从大艾尔那里学到的第一个经验就是：永远不要借贷打牌，必须有随时支付账单的能力。菲尔·赫尔穆斯在之后的扑克生涯中，无论面临怎样的困境，都不会去贷款买筹码。他觉得贷款买筹码会让他变得紧张焦虑，更容易犯下错误。而且在他看来，只要把钱管理好，他就永远可以按时支付他的账单。依靠贷款来打牌的人，恰恰是缺乏管理金钱能力的人，而这类人也很难在打牌的时候管理好自己的筹码。

这套避免破产和借贷的系统对菲尔·赫尔穆斯来说非常有用。避免借贷的自我暗示令他在破产前就感到了对获胜的渴望，而不是在破产之后。所以，他亲身了解并坚信，绝望和灵感会让人们取得伟大的成就。后来，菲尔·赫尔穆斯也亲口承认，"大多数情况下，当我绝望的时候，我会把扑克玩得更棒"。而且，因为菲尔·赫尔穆斯通常是一桌扑克游戏中最好的玩家，所以他经常做那个放贷的人，而不是那个贷款的人。据菲尔·赫尔穆斯所说，他有一份20世纪80年代的债务单（欠他钱的人的名单，后来被他扔了），一份90年代的债务单（名字少，金额多），还有一份2000年至2010年的债务单（没有太多的名字）。

良好的消费习惯令菲尔·赫尔穆斯总能按时支付账单，除1987年1月的那次破产之外，他从来没有真正耗尽过资产。即使非常缺钱，他也会坚持全款购买房子、车、股票和养老金，这种良好的消费习惯总能使他避开财务危机。

在1986年剩下的时间里，菲尔·赫尔穆斯又去了六次拉斯维加斯，每次去都会损失大量的资金。最后一次去拉斯维加斯的时间是1987年的1月，那一次他输得一塌糊涂，身上只剩下45美分，就连出租车司机都不忍心收他的车费。当然，这次失败的原因还是因为他在赌徒游戏中输掉了太多的钱。他饥饿难耐，不得不给父母打电话，让他的母亲帮他买了回麦迪逊的机票。在回程的飞机上，他因饥饿而吃了大量的花生，后来花生成了他这辈子最讨厌的食物。

在给父母打电话索要路费的前一天，他在维埃拉酒店和赌场见到了少年天才斯杜·恩戈，他在那场扑克锦标赛中赢得了冠军和67 000美元的奖金。斯杜·恩戈在决赛桌上表现得游刃有余，他用超高频的下注手法不断逼迫对手弃牌，不断拿下盲注和小底池，一点一点把筹码积累了起来。这种打法令菲尔·赫尔穆斯深受启发，从那时候开始，菲尔·赫尔穆斯就把斯杜·恩戈当成了心中的对手。

虽然菲尔·赫尔穆斯在那次的拉斯维加斯之旅中破产，但是他并没有死心，相反，他认为自己在拉斯维加斯又学到了更多的新东西，只要把这些东西学以致用，有朝一日他就一定可以卷土重来！

🏆 修心

回到家后,菲尔·赫尔穆斯开始自省,他把自己想象成一个入定的和尚,无物无我,无论是手牌还是筹码,都不能让他的心动摇一分。有一天,他幡然醒悟:原来,想要在扑克中突破自我,最要紧的事情是修心,只有让心灵达到更高的境界,做到不以物喜不以己悲,任何时刻都坚守本心,才能永远在牌桌上保持冷静,不被情绪控制和假象迷惑。

在领悟到这个道理之后,菲尔·赫尔穆斯便下定决心改变自己,做一个有耐心和定力的人。他心里很清楚,这两种品质的缺乏其实就是他最大的弱点,他容易情绪失控,容易冲动,但是为了赢,为了打好扑克,他必须克服这些弱点。

在接下来的一年时间里，菲尔·赫尔穆斯一边在麦迪逊牌桌上训练自己，一边筹划着在拉斯维加斯赢取属于他的胜利。1988年初，菲尔·赫尔穆斯第十次飞往拉斯维加斯，并赢了6000美元，这是自1986年以来他第一次在拉斯维加斯获胜！此时他的内心百感交集，激动、喜悦、害怕、不知所措一同向他袭来。他拨通了母亲的电话，告诉她："我感觉不太好，我明明赢了，但我却感觉非常糟糕，这到底是为什么？"和母亲聊了半天，菲尔·赫尔穆斯还是没有找到原因，而母亲的一句话点醒了他："你是因为赢了钱而感觉不好吧？"有那么一瞬间，她的话让菲尔·赫尔穆斯觉得很荒谬，但是紧接着，他意识到她的话是正确的。他感觉很糟糕，恰恰是因为他赢钱了！然后母亲对他说："你已经习惯了失败，而失败很难摆脱。但你记住，获胜可能更难对付。"这句话让菲尔·赫尔穆斯一下子就清醒了过来。对啊，他为什么要害怕胜利呢？他应该期待胜利，并在它到来之时坦然接受它！

九次的失败让菲尔·赫尔穆斯学会了如何面对失败，母亲的一番话，则教会了他如何面对胜利。

赢得首胜之后，菲尔·赫尔穆斯感受到了一种空前的力量和信心，从那时起他便下定决心：如果想习惯胜利，那么就一定要确保在离开拉斯维加斯的时候是盈利的状态！

他确实做到了，这次他大获全胜，他开始习惯胜利。越习惯胜利，就越容易取得更多的胜利，这是菲尔·赫尔穆斯的亲身体会。

之后，菲尔·赫尔穆斯在拉斯维加斯越来越顺利，而且他也逐步远离了曾经令他亏损的罪魁祸首——赌场游戏。一切都好了起来，菲尔·赫尔穆斯已经不再满足于玩普通的扑克，而是开始关注各种扑克锦标赛，以及它们的周边赛事。而且，真正有水平的职业扑克玩家，他们的活动路线基本上都是大型扑克锦标赛—扑克锦标赛周边比赛—回家等下一个扑克锦标赛，赢得这些大型扑克锦标赛已经不仅仅意味着可以赢得大量奖金，更是一种荣誉，是职业扑克玩家的梦想！

1988年1月，菲尔·赫尔穆斯打算去参加阿马里洛·斯利姆举办的大型扑克锦标赛"扑克超级碗"。但是在报名前夕，他和大艾尔在凯撒大酒店连轴转地打扑克，以至于忘记了吃饭和睡觉,这让低血糖的菲尔·赫尔穆斯终于支撑不住晕了过去,错过了报名时间。这件事让菲尔·赫尔穆斯心有余悸,为了拥有健康的身体,他开始每天坚持跑步,锻炼身体。

为了找点事情做,菲尔·赫尔穆斯在星尘酒店赌场加入了一场买入金额为10美元的有限注扑克比赛。这次比赛持续了三周,每周结算一次,冠军的奖励是1000美元,亚军800美元,季军600美元。在三周的比赛中,菲尔·赫尔穆斯获得了一个冠军和一个亚军,这让他对自己的比赛发挥更有信心了。

值得一提的是,菲尔·赫尔穆斯在这次比赛中认识了当时还不知名的扑克玩家——唐·威廉姆斯(1942—2013年,3条WSOP金手链获得者)。他受到唐·威廉姆斯的邀请,和唐·威廉姆斯坐在了一桌上。在比赛期间,唐·威廉姆斯一直抱怨筹码太少,菲尔·赫尔穆斯发现了这个细节,他马上意识到唐·威廉姆斯并不习惯这种玩法,因此他一定不能发挥出最好的水平。果然,菲尔·赫尔穆斯开始不断地赢,把唐·威廉姆斯甩在了后面。

在这次比赛中,菲尔·赫尔穆斯发现自己对扑克有了新的理解:只要放大自己的嗅觉,尽量避免陷入劣势的缠斗,就会赢得很体面。

制定人生目标

后来，菲尔·赫尔穆斯想要外出换个心情，便叫来两个好友加里·米勒和拉里·瓦姆克去酒吧打台球。但他并不擅长打台球，而且台球的下注非常小，每次比赛只有10美元或20美元的奖金。他开始思考这个游戏到底有什么意义，对他来说就是纯粹浪费时间。

这样想着，菲尔·赫尔穆斯正要准备离开，在转身的一瞬间，他注意到有一扇侧门，就走过去准备打开它。当他打开门时，外面的阳光直直照在他身上！当他那双蒙眬的眼睛适应了周围随处可见的白光时，美丽的雪景和繁忙的街道映入他的眼帘。路边的雪约有1英尺（1英尺≈0.304米）深，周边有半融化的冰堆。这是他近一个月以来第一次被阳光直射。

这个时候，他的意识仿佛也苏醒了过来。"我是谁？我在哪儿？我在做什么？"发出了灵魂三问之后，菲尔·赫尔穆斯脑海里想起了一句歌词："一生一次。"菲尔·赫尔穆斯对这句歌词的理解是：多年后，当你醒来，发现自己过着不想要的生活，你问自己你是如何做到的，却意识到答案只是让事情发生。人的一生只有一次，醒悟得越早，越能避免更多的遗憾。

菲尔·赫尔穆斯感觉自己重生了，从"噩梦"中苏醒过来。于是，他立即离开了昏暗的台球厅，决定好好计划自己新的人生！

很快，菲尔·赫尔穆斯搬了家，换了一种新的生活。

在新家的书桌前，他找来了纸和笔，在上面写下了自己想要的生活：

1. 我要一直打扑克！我要成为伟大的职业扑克牌手！我要成为世界上最好的扑克牌手。

2. 拒绝毒品，把它完全戒掉。

3. 努力提高扑克技术，永远保持世界领先水平。

4. 毫不动摇地继续以正确的方式做增添荣誉的事情。

之后，菲尔·赫尔穆斯在纸上勾勒出了他心中的"胜利金字塔"基本雏形。

```
           资金管理
          控制情绪
          遵守纪律
       锻炼身体  健康饮食
           适当休息
       赌徒游戏  体育博彩
         毒品  酒精过量
```

处于金字塔底部的是能够毁掉他一生的诱惑，比如，

"赌徒游戏""体育博彩""毒品""酒精过量"。

在金字塔第二层中，他列出了"锻炼身体""健康饮食""适当休息"，比如，当他累了就不玩扑克。

金字塔第三层是"控制情绪"和"遵守纪律"，这两个准则将督促他在未来的扑克生涯中，以正确的方式玩扑克游戏。

处于"胜利金字塔"顶端的是"资金管理"，因为唯一能在扑克桌上超越人的技术的东西就是资金。你可以拥有世界上所有的天赋，但如果你在一场有趣的比赛出现时没钱，你就只能在一旁看着那些没有天赋的选手打这场比赛，这将成为你非常懊恼的事情。

为了成为伟大的扑克玩家，菲尔·赫尔穆斯认为，他必须学会用正确的方式掌握"胜利金字塔"的每一个要素。他按重要性顺序列出了它们，底部是有害的，要摆脱它们，顶部是最重要的，也是最具有挑战性的。

可以说，这是菲尔·赫尔穆斯生命中最关键的一天。因为他第一次清楚地知道自己想去哪里，想成为什么样的人，以及如何实现自己的目标。

制定了"胜利金字塔"之后，菲尔·赫尔穆斯的灵感尚未消失。于是，他又酝酿了一个"扑克游戏金字塔"，这个金字塔展现的是扑克世界中资金的流动规律。

"扑克游戏金字塔"的底部是非专业扑克玩家在他们家里可能玩的下限游戏,他们大部分人的资金会一直从自己的家里往外流。如果有人的资金一直流向家里,那么这个人就会上升一级。

"扑克游戏金字塔"第二层的扑克游戏代表了"家乡冠军"居住地的中型游戏,他们是自己家乡(小城市或乡镇)的佼佼者。

"扑克游戏金字塔"第三层的扑克游戏代表了在拉斯维加斯、洛杉矶、纽约、巴黎、莫斯科等城市到处存在的高极限游戏。

"扑克游戏金字塔"的顶端是世界级扑克比赛,如世界扑克系列赛(WSOP)、世界扑克巡回赛(WPT),以及各种奖金超高的扑克游戏,比如贝拉吉奥大酒店赌场的私人游戏。

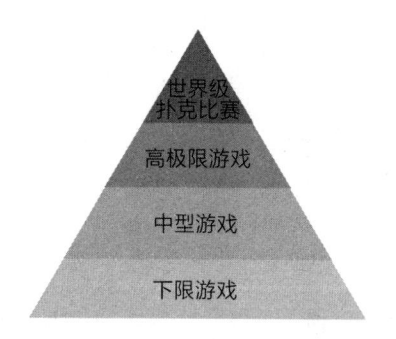

```
      世界级
      扑克比赛
     高极限游戏
      中型游戏
      下限游戏
```

菲尔·赫尔穆斯注意到,这个"扑克游戏金字塔"蕴含了两大规律:

一是底部的游戏数量最多，顶端的游戏数量最少。

二是资金是从金字塔底部向上流动的，低限额扑克游戏的获胜者将他们的奖金带到中限额扑克游戏中。在适当的时候，中限额扑克游戏的赢家又将他们的奖金带到上限扑克游戏中。最后，扑克世界的大部分资金最终留在了金字塔的顶端，而只有少数玩家能在这个阶段停留很长时间。

通过思考"扑克游戏金字塔"中资金的流动方向，菲尔·赫尔穆斯意识到，如果他想在扑克世界中出人头地，成为顶尖的玩家，那么他必须尽可能地参加更高级别的比赛，才能爬到金字塔的顶端，离金钱和荣誉更近。

当菲尔·赫尔穆斯思考完这一切，并把"胜利金字塔"和"扑克游戏金字塔"的概念写到纸上时，他开始为自己制定一份人生目标清单。虽然在写的时候，他不知道这些目标是短期内就可以实现的，还是需要长期坚持才能实现的。但他已经意识到，无论如何，他都要努力向前，只要目标足够明确，就可以为他提供源源不断的动力去实现它。

以下是菲尔·赫尔穆斯1988年3月写下的人生目标清单：

1. 在WSOP中赢得"大赛事"（主赛事）冠军。

2. 遇见并娶一个了不起且能忍受我坏脾气的女人。

3. 写一本《纽约时报》畅销书。

4. 买一所漂亮的房子。

5. 买一辆漂亮的车。

6. 赢得很多大型扑克锦标赛。

之后，菲尔·赫尔穆斯把这个清单贴在了浴室的镜子上，并将其作为每天激励自己去努力奋斗的力量源泉。每实现一个目标，他就会增添一份骄傲和感激，他的生活充满了希望，有什么比这样的人生更美妙的呢？1990年，当菲尔·赫尔穆斯的妻子凯西发现这份清单时，她惊呼道："太棒了！你已经实现了好几个目标。"

菲尔·赫尔穆斯一直都坚定地相信，写一份目标清单是他人生取得重大成功的一个重要因素。否则，他如何确切地知道自己人生的追求是什么呢？

扑克生涯中的首次被认可

菲尔·赫尔穆斯在那次持续三周的比赛中获胜之后,又重新找到了人生的目标。在那段时间里,他听说有一个名叫"卡津杯"的扑克锦标赛,该锦标赛会在3月17日至28日在路易斯安那州的拉斐特举行。菲尔·赫尔穆斯决定和大艾尔一同前往参加比赛。此时的菲尔·赫尔穆斯虽然还不算一位真正的扑克锦标赛职业选手,但他在这个比赛中却取得了相对不错的成绩:在预赛中赢得了三张进入决赛的门票。在卡津杯主赛事的前一天晚上,所有的选手都会聚集到比赛区参加加尔各答的比赛。

在加尔各答,有一个观赛者买选手的机制:他们可以对看好的选手出价,所有的买入金额会一起放入奖金池里,然后按照选手的表现瓜分池里的奖金,其中40%的奖金将分配给购买冠军的人,20%的奖金将分配给购买亚军的人,10%的奖金将分配给购买季军的人,剩下的奖金将分配给购买第四名至第九名的人。

在这次比赛中,卫冕冠军陈强尼被买了2100美元,曾经拿过世界扑克锦标赛冠军的杰克·凯勒被买了1800美元,T. J. 克劳蒂尔被买了1700美元。这三个人确实是那个年代最强的三位选手，人们都相信前三名一定会是他们三个。

当菲尔·赫尔穆斯这个名字出现在选手名单中的时候，他本人非常紧张。那时他在扑克界还没什么名气，人们为什么愿意为这个初出茅庐的年轻人投钱呢？虽然已经知道这个事实，但菲尔·赫尔穆斯的内心很害怕，他怕没人买他，那样的话，他该多尴尬啊！不被别人看好，那种感觉真是太糟糕了！想到这里，菲尔·赫尔穆斯恨不得提前找个地缝钻进去，以免到时被人嘲笑。

然而，事情的发展并没有像他想象中那样朝着最差的方向发展，在他紧张的时候，有几个人开始对他投钱，仿佛是在鼓励他。"300美元，500美元，700美元，800美元，900美元，1000美元，1100美元，1200美元。"没有任何明显的原因，最终，菲尔·赫尔穆斯，这个从未拿过扑克锦标赛冠军的年轻人，在加尔各答的选手买入排名中排到了第六，而当时一共有100多名选手。

看到这么多人看好自己，菲尔·赫尔穆斯整个人都充满了力量。虽然他没有赢得这次比赛，但他从此爱上了卡津杯扑克锦标赛。在这次比赛中，他第一次得到了观众的认可和支持，这是他从来没有过的感受。他感受到了大家对这个赛事发自内心的热爱！

这里的美食也给菲尔·赫尔穆斯留下了深刻的印象，

他第一次品尝到了路易斯安那州的特产小龙虾,他表示从未吃过如此美味的食物!

卡津杯结束后,同年4月,在里诺的希尔顿酒店赌场举行了黄金扑克锦标赛。这场比赛是300美元买入的无限注扑克比赛,就是可以一直持续买入的比赛。菲尔·赫尔穆斯带着两个玩扑克的朋友韦恩·泰勒和加里·米勒一同前往里诺。

在这场比赛中,菲尔·赫尔穆斯一路打到了决赛,一切都那么自然,就像他本来就应该这样一样。他全身心地投入每一场比赛,在1988年的复活节,菲尔·赫尔穆斯赢得了他的第一个扑克锦标赛冠军,荣获12 000美元奖金和象征着冠军荣誉的奖杯。他激动地给父母打电话,告诉他们他的胜利。

复活节是基督教的重要节日,作为天主教徒的菲尔·赫尔穆斯,在复活节这一天赢得了人生中第一个扑克锦标赛冠军,标志着他也迎来了新生!对他来说,这一天也意味着他在扑克生涯中开启了全新的篇章,他将成为常胜将军,并在以后的扑克锦标赛中不断赢得冠军,走向扑克职业生涯的巅峰。

1988年坎坷的WSOP征途

1988年5月5日，黄金扑克锦标赛结束一个月后，WSOP正式开始。在拿到黄金扑克锦标赛冠军后，菲尔·赫尔穆斯的自信心达到了巅峰，他非常有信心能在这一年的WSOP中拿到一个不错的名次，于是他毫不犹豫地报了名，去了拉斯维加斯的比尼恩酒店赌场，参加WSOP的比赛。

比赛的日子临近了，菲尔·赫尔穆斯的心中却百感交集。去年的5月，他还不知道WSOP的存在；现如今，他却已经花费10 000美元报名了这个世界上最重要的扑克锦标赛。拿到一次WSOP冠军，是菲尔·赫尔穆斯很早以前就定下的目标，写在了他的人生目标清单上，而现如今他正等待着这次比赛的来临。

1988年的WSOP实际上是一个系列锦标赛，由12场比赛组成（其中一场是世界女子扑克锦标赛），买入金额从1000美元到10 000美元不等。菲尔·赫尔穆斯意识到，是时候用他的"胜利金字塔"原则来引导他成功赢得1988年WSOP的12场比赛了！

这一年的WSOP开启之初，菲尔·赫尔穆斯的总资金大约有20 000美元，他带了12 000美元的现金到拉斯维加斯。基于他的"胜利金字塔"原则,他把非常高比例的资金(总资金的60%)带入了WSOP,考虑到这是一场规模巨大、持续时间长的持久战,他必须带上足够的"弹药",所以他这样的决策勉强算是符合他的资金管理原则的。其实他认为,投入6000美元是风险最小的资金管理策略。

菲尔·赫尔穆斯对这次WSOP非常期待,他提前好几天就来到了比赛现场,和周边每年固定参加WSOP的玩家们打打有趣的边赛。但他这次没做好资金管理,5月2日到达拉斯维加斯,到5月4日晚上就输掉了整整10 000美元。他懊悔地扇自己耳光,嘴里痛骂着自己:"多么愚蠢的举动!你在想什么?你本来有足够的钱参加前六场WSOP比赛,现在在第一场比赛开始前你就破产了?"

这件事给菲尔·赫尔穆斯带来了巨大的痛苦,他懊悔自己自控力不足,导致自己在WSOP比赛开始之前就输掉了大部分钱。

但菲尔·赫尔穆斯岂能轻易认输？他鼓起勇气，打算破釜沉舟，拿出了最后的2000美元中的1500美元，买了1988年WSOP第一场比赛"七张牌梭哈"的门票，和其他399名选手竞争比赛奖金。因为只要能赢到奖金，他就有钱买主赛事门票！

最后，菲尔·赫尔穆斯和其他60名选手顺利晋级到第二天的比赛，但只有前40名的选手能拿到奖金，所以他必须在第二天打得更好才行！

在第二天的比赛中，菲尔·赫尔穆斯遇到了一位名叫瓦尔·卡彭特的强硬对手。这个戴着时尚的金属框眼镜的金发年轻人来自阿拉巴马州，他看起来很英俊温和，还是一位坐轮椅的残疾人，但打起牌来异常凶狠。

在比赛之前，瓦尔请求和菲尔·赫尔穆斯交换5%的股份①，这样一来，如果他们中的一个赢了10万美元，另一个就能得到5000美元。考虑到必要的风险对冲，菲尔·赫尔穆斯同意了，这个举动反而让他的压力小了一点。

比赛盲注级别进行到400/800的时候，菲尔·赫尔穆斯拿到了K-K的手牌。此时，他有大约5000个筹码。本来他以为胜券在握，但万万没想到，他的对手恰好拿

---

① 交换股份指的是两个人互相交换自己的赢钱比例，是扑克比赛中选手之间常用的合作策略。比如，A赢了1万美元，B赢了2万美元，如果两个人提前交换了10%的股份，那么A最终拿到的钱是（自己的1万美元×90%+B的2万美元×10%）=1.1万美元。

到了 A-A。当 K-K 碰到 A-A 这种冤家牌的时候，结局也没什么悬念，菲尔·赫尔穆斯被淘汰了。他非常沮丧地回到了马蹄铁酒店的房间里，不停地咒骂自己的坏运气，向每一个愿意听他说话的人抱怨。

抱怨之后，菲尔·赫尔穆斯意识到自己已经山穷水尽了，再也没有资金参加 WSOP 主赛事了。他心中懊悔不已，他为什么没有坚定地使用他的"胜利金字塔"中的资金管理原则呢？这可是他在 WSOP 比赛中创造佳绩最好的机会啊！

摸着兜里仅剩的 500 美元，菲尔·赫尔穆斯感觉自己的世界一片黑暗，自己的愚蠢、逃回家的想法、自责和沮丧一同冒了出来。在他即将崩溃的时候，室友告诉他："7 点在希尔顿酒店举办的超级卫星赛，你可以去试一下。参赛门票只需要 100 美元，还可以重复买入，只要拿到第一名，就能得到一张价值 10 000 美元的 WSOP 主赛事的门票。"

500 美元，可以在这场比赛中买入 5 次。菲尔·赫尔穆斯花 100 美元买了一张门票试水，因为手里的钱不多了，而且从 300 多名选手中拿到冠军也并非易事。

这几乎是最后的机会了，菲尔·赫尔穆斯在这场比赛中打得异常强硬，当进入决赛时，他获得了领先优势。凌晨 3 点，他赢下了超级卫星赛，拿到了 WSOP 主赛事的门票和额外的 6000 美元奖金。9 小时前的沮丧仿佛离现在有几万年那么遥远，那一刻，菲尔·赫尔穆斯像个孩子一样地笑了！

菲尔·赫尔穆斯急匆匆地赶回马蹄铁酒店，却迎面撞上了瓦尔。当菲尔·赫尔穆斯高兴地想要告诉瓦尔自己的好消息时，瓦尔也兴奋地打断他说："你刚才在哪里？你刚刚错过了决赛桌的比赛！我刚刚赢得了有限注扑克锦标赛！奖金整整有 223 800 美元呢！我想你肯定会在那儿为我加油，但是我没找到你。我欠你 10 000 多美元，我一直在找你，想还你钱！"

好家伙！今天的运气这么好，好事全让自己碰上了！菲尔·赫尔穆斯心里这样想着，脸上已经乐开了花。这事搁谁谁能忍住啊，这两天他的经历就像坐过山车一样刺激！这次来得真不亏，WSOP 主赛事还没开始就已经这么刺激了。

菲尔·赫尔穆斯感觉到幸运已经降临在自己身上，他迫不及待地去马蹄铁酒店赌场玩了一个 100/200 美元的有限注德州扑克游戏，果然赢得了近 9000 美元。这是他玩过的最大的有限注扑克游戏，那 9000 美元也是他在有限注扑克游戏中取得的最大的胜利。一切都好起来了！

真是令人难以置信的一天！早上，他还拿着仅剩的 500 美元做最后的挣扎，下午却拿到了价值 10 000 美元的 WSOP 主赛事门票，怀里还揣着 27 000 美元的现金！

菲尔·赫尔穆斯发现，每当他倒霉至极的时候，通常就会有一丝希望给他带来好运。

几天后，也就是5月10日，菲尔·赫尔穆斯在拉斯维加斯参加了他扑克职业生涯中的第一个WSOP决赛，而那场比赛一共有206人参加。菲尔·赫尔穆斯对自己的成就感到很满意，因为这个模式的游戏是他之前经常玩的，如今终于能在实战中大显身手，这怎能不让人欣喜呢！

此时，比赛现场还有三张桌子，约有24名选手留下来争夺金手链和奖金，坐在菲尔·赫尔穆斯旁边的选手乔·彼得罗俯身问他想不想做15%的股份交换，虽然金额比较大，但菲尔·赫尔穆斯还是答应了，因为他们是老相识。

菲尔·赫尔穆斯是在卡津杯扑克锦标赛上认识乔的。乔是土生土长的卡津人，带有浓重的路易斯安那口音，打牌的风格很犀利，是菲尔·赫尔穆斯十分欣赏的人。所以，菲尔·赫尔穆斯愿意和他合作，更何况他前几天刚从瓦尔那里拿到了那么多钱！所以，两个人握手合作。毕竟在这场比赛中，第一名的奖金是123 600美元，第十名只有3090美元，两个人强强联合，可以有更高的概率增加收入！

最后，菲尔·赫尔穆斯作为第五名分到了15 450美元，而此时的乔还没被淘汰。第二天，乔告诉菲尔·赫尔穆斯，自己赢得了第二名，奖金是 68 000 美元，所以他付给菲尔·赫尔穆斯 10 200 美元（68 000 美元的 15%）。

"果然我的判断是正确的！"菲尔·赫尔穆斯美滋滋地想着这件事，并开始准备下一场比赛。

在接下来的一周时间里，菲尔·赫尔穆斯在 100/200 美元的有限注扑克比赛中赢得了更多的钱。他的状态越发地好，他也更加坚信自己能在这次 WSOP 比赛中创造奇迹！

5 月 16 日中午，菲尔·赫尔穆斯终于第一次坐在了 WSOP 主赛事的牌桌前。比赛的第一天，菲尔·赫尔穆斯坚持了下来，虽然遇到了难缠的对手杰森·莱斯特，还险些输掉一个大底池，但他极其好运地和对方打成了平手，保住了自己的大部分筹码。

比赛的第二天，菲尔·赫尔穆斯小心翼翼地把筹码积累到了 90 000 美元，已经比较领先了，但不幸的是，他碰到了卫冕冠军陈强尼。当时他不认识陈强尼，因为他还没见过陈强尼。一整天下来，菲尔·赫尔穆斯都很顺利，后来，他和陈强尼争夺一个大底池。

菲尔·赫尔穆斯拿到两张红色的 8 后加注，陈强尼在大盲位跟注。

翻牌是 K♠-Q♠-2♠，陈强尼过牌，菲尔·赫尔穆斯加注，陈强尼跟注。

转牌是 A♠，此时牌桌上是四张同花，陈强尼继续加注，菲尔·赫尔穆斯选择弃牌，因为他什么也没有了。

菲尔·赫尔穆斯认为自己弃牌是正确的，虽然他认为陈强尼没有同花，但如果陈强尼真的有同花，他就会输得很惨。

不久之后，两个人再次对决。这一次，菲尔·赫尔穆斯还是没有任何牌，但是他想通过诈唬把陈强尼吓跑，于是他加了一个大注。没想到，陈强尼一点也不慌，直接跟注了。菲尔·赫尔穆斯不服，他在下一条街继续加注，陈强尼也不反击，一直在过牌跟注。菲尔·赫尔穆斯认为，这次交锋是两个人在互相试探对方的底线，最后菲尔·赫尔穆斯还是输了，因为他没有成功把陈强尼吓走。

一个月后，扑克界的传奇人物 T. J. 克劳蒂尔找到了菲尔·赫尔穆斯，告诉他："你和陈强尼交手的那一次，我在旁边看得清清楚楚，我想给你一个建议：如果你想诈唬世界上最厉害的扑克选手，那么你应该学会在诈唬他的时候盯着桌子的某个地方。当你环顾四周的时候，你向陈强尼透露了太多的信息。在我看来，你看起来就像一头被迎面而来的汽车前灯吓坏了的鹿。你应该照照镜子看看自己，提升自己的心理素质。别在还没吓跑别人的时候，先把自己吓坏了。"

事实证明 T. J. 克劳蒂尔是对的。厉害的人在诈唬的时候，必须看起来十分自信，当时的菲尔·赫尔穆斯在这方面就显然不够成熟。他也意识到，如果想成为世界上最好的扑克牌手，他就必须学习如何诈唬那些大佬。

第二天晚上，菲尔·赫尔穆斯还是被陈强尼淘汰了，位列第 33 名，只拿到了 7500 美元的奖金。

菲尔·赫尔穆斯这次与陈强尼的相遇是他们的第一次对决，在接下来的 25 年里，两个人将成为各大扑克赛事中强劲的对手！

1988 年 WSOP 主赛事最终以陈强尼赢得冠军收尾，这是陈强尼的二连冠。陈强尼和埃里克·塞德尔的对决非常精彩，这场对决后来还被拍成了电影。

菲尔·赫尔穆斯对这次比赛取得的名次并不满意，他觉得自己如果再谨慎一点，可以坚持到第三天，得到更好的名次，毕竟那可是 90 000 美元的筹码！可是他太没有耐心了，这么快就输光了筹码！

在菲尔·赫尔穆斯烦恼的时候，大艾尔不合时宜地来到他的面前，并开口责备他："你怎么能用诈唬来浪费你的筹码！你一生能有几次机会赢得世界扑克锦标赛冠军？你在想什么？"

此时的菲尔·赫尔穆斯感觉自己快疯了，本来已经很懊悔了，再加上朋友也不理解自己。秉承着"宁愿我折磨别人，休想让别人折磨我"的原则，菲尔·赫尔穆斯朝着大艾尔喊道："艾尔，闭嘴！我告诉你，未来50年我将有机会每年都赢得WSOP！我的WSOP比赛还没有结束，我才刚刚开始！你赶紧给我滚！"

虽然对自己很失望，但菲尔·赫尔穆斯还是接受了现实。虽然没做到最好，但至少取得了WSOP的名次和奖金。而且，这次比赛还打响了名气，以后也可以和那些大佬们在一张桌上打扑克了！他认为自己已经达到了一流的水平，迟早有一天会回来，把属于自己的荣耀夺回去。等着吧，不会太久！

第三章 职业生涯的第一次大起大落

洛杉矶大胜利

1988年WSOP结束后,菲尔·赫尔穆斯带着钱和信心,回到了老家,此时他的资金足足有50 000美元。那年的整个夏天,菲尔·赫尔穆斯在家乡的扑克游戏中一直表现出色。到了7月,他的资金已经达到了70 000美元。

看着存款多了起来,菲尔·赫尔穆斯想起了他人生目标清单中的那些目标,虽然现在还买不起房子,但买辆车还是绰绰有余的。而且,哪个成功男士没有自己的专属座驾呢?于是,菲尔·赫尔穆斯就去看车了。

在买车这件事上,菲尔·赫尔穆斯也有自己的考虑:"我是一个急躁的人,做什么都耐不住性子,这是一种激进前卫的风格,那么我的车应该和我的性格相反,要保守一些,这样才能平衡我的生活。不然,本来我的生活节奏就已经很快了,还开着跑得飞快的跑车,那我的人生会过得很快,我的钱也会花得很快,我就存不住钱了!"

虽然他的这种想法不知道是从哪里冒出来的,也没有根据,而且听起来十分荒谬,但最终他确实买了一辆很保守的车——灰色的凯迪拉克。

打定主意后，菲尔·赫尔穆斯去了凯迪拉克经销商那里，买了一辆低调奢华的灰色四门凯迪拉克德维尔轿车，保守的车门，保守的颜色，看起来典雅又端庄。在买车之前，菲尔·赫尔穆斯从未去过车店，但是他一进入车店，就立马相中了这辆车，直接预订了这辆车，并在第二天上门全款买走了它。服务他的推销员一脸疑惑，毕竟这种选车风格的人，他从业几十年也没遇见几个。

1988年8月，菲尔·赫尔穆斯打听到最近有两个大型扑克锦标赛要举行。一个是在洛杉矶的自行车俱乐部赌场举行的钻石吉姆·布雷迪扑克锦标赛，另一个是在南卡罗来纳州举行的小型扑克锦标赛。

虽然洛杉矶的那个比赛有更高的奖金可以拿，但菲尔·赫尔穆斯还是选择参加南卡罗来纳州的比赛。一方面，他考虑到洛杉矶的那个比赛竞争会更加激烈，因为高手都会过去；另一方面，菲尔·赫尔穆斯的直觉告诉他，南卡罗来纳州的扑克锦标赛应该会和卡津杯扑克锦标赛比较相似，在那里他一定会找到更多真心热爱扑克的志同道合的人。

虽然计划十分完美，但不幸的是，就在比赛开始前夕，南卡罗来纳州的州长决定取消这次比赛。这让菲尔·赫尔穆斯恼火的同时又感受到了一丝幸运，因为他发现这次比赛来的人出乎意料地多，如果真打起来，他不一定能赢。于是，他从南卡罗来纳州飞回了家，一周后他又去洛杉矶参加了那场自行车俱乐部举办的大型扑克锦标赛。

在去洛杉矶之前，菲尔·赫尔穆斯经过仔细考虑，决定升级他"胜利金字塔"中的资金管理原则：增加对每一次旅行中盈利或亏损的资金管理。所以，他这次没有把35 000美元的家当都带上，而是只带了10 000美元。这样，他就能很好地控制住风险，同时还能玩得比较开心。

菲尔·赫尔穆斯在潜意识中是十分厌恶资金波动的，他认为这些波动会让他严重抑郁。比如，1988年的那次WSOP比赛，他的经历就像坐过山车一样，让他先沮丧，后又激动和兴奋，这种大起大落的感觉很不好，他甚至怀疑这样的波动迟早有一天会让他像斯杜·恩戈（早期的扑克界天才级人物，玩扑克的水平极高，45岁时因长期吸食毒品去世）那样吸食毒品和酒精过量。在那样的悲剧发生之前，他必须想办法阻止波动的发生！

为了让自己一直有现金，菲尔·赫尔穆斯升级了他的资金管理原则，并暗自下决心：一定要把它坚持下去！只要坚持住了，一切就会顺利得多！

在前往洛杉矶参加扑克锦标赛之前，菲尔·赫尔穆斯已经制订好了计划：花8000美元购买比赛门票，身上留下2000美元以备不时之需。

然而，理想很丰满，现实很骨感。一到洛杉矶，他原本的计划就乱了套。第一场比赛原本计划花费3000美元，而实际却花费了7300美元，这直接导致他的预算超了一倍多，甚至连购买5000美元主赛门票的钱都没有了，这真是一次糟糕的资金管理！但是，菲尔·赫尔穆斯心中暗自念着"我决不能一错再错"，他决定即使不买主赛门票了，也不能动摇自己在出发前制订好的计划，即"在这场赛事中最多花费10 000美元"。

经过一番思考，菲尔·赫尔穆斯决定从仅剩的2700美元中拿出2400美元来冒险一试，因为他必须留出购买回程机票的钱。为了让自己保持清醒，不要冲动，他心里甚至期盼着自己赶紧输光所有的筹码，这样就可以直接回家了。

他目前进行的赛事是1000美元买入的可回购比赛，为了早点输完走人，他打得很激进，但事与愿违，他没有被淘汰，反而赢了很多筹码，还和另外八名选手进入了第二天的决赛桌。

这个决赛桌的阵容还是比较豪华的，有1988年WSOP主赛事亚军埃里克·塞德尔，当时的扑克界十大名手之一拉尔夫·莫顿，WPT的传奇人物迈克·塞克斯顿，后来在2010年进入扑克名人堂的杜威·汤姆科，另外还有柯特·奈特、格伦·科森、沃利·黄和弗雷德·怀特。

决赛桌比赛进行到只剩最后五名选手的时候，他们开始谈起了交易。按照比赛规定，第一名可以分到 100 800 美元，第二名 44 800 美元，第三名 26 880 美元，第四名 15 680 美元，第五名 11 200 美元。在 20 世纪 80 年代和 90 年代，当扑克锦标赛决赛桌打到剩下最后三名或四名选手时，通常都会直接通过谈判来达成交易，没有达成交易反而是不正常的，这次也不例外。

在这场比赛中，第一名的奖金（100 800 美元）和第五名的奖金（11 200 美元）差了将近 90 000 美元，如果可以达成交易，每个人的收入波动都会小很多。毕竟到了这个阶段，只要有一手牌没打好，就可能损失几万美元。此时，桌上选手的提议是，每个人根据自己的筹码分到相应的钱，最后一名可以分到 11 200 美元（相当于第五名的奖金）。

计算过后，菲尔·赫尔穆斯发现自己的 30 000 美元筹码可以分到 35 395 美元，比第三名的奖金多一点。菲尔·赫尔穆斯对这个分配方案还是比较满意的，但有人不这么想，塞德尔认为自己的实力很强，完全有把握拿到冠军，所以他想分到更多。其他三个人也同意塞德尔的提议，但菲尔·赫尔穆斯坚定地说："不行！"他认为这样不公平，说好了的事情怎么能不按规矩来呢？你觉得你有实力，那你倒是自己赢啊！

在某些时候，菲尔·赫尔穆斯的想法总是令人出乎意料，所以这场谈判没有达成一致意见。好了，现在所有人又要面临巨大的压力了。

最后，菲尔·赫尔穆斯只剩下塞德尔一个对手，只要击败他，就可以拿到冠军了。菲尔·赫尔穆斯在心里庆幸自己没同意当初的分配方案，现在看来至少能拿到第二名的奖金，比刚才算的要多出将近 10 000 美元呢！

在两个人的对决中，菲尔·赫尔穆斯一度领先，最后两个人还是根据自己的筹码平分了剩下的奖金，菲尔·赫尔穆斯分到了 70 000 美元，塞德尔分到了 66 000 美元。奖金分完了，比赛还要继续下去，直到分出胜负为止。经过 2 小时的鏖战，菲尔·赫尔穆斯最终败下阵来，输给了塞德尔。好在他们事先已经把奖金分完了，所以菲尔·赫尔穆斯虽然失去了冠军的名次，但他拿到了最多的钱！

这次没能拿到冠军，让菲尔·赫尔穆斯深感遗憾，赛后他分析了自己的失误之处，发现自己还是太缺乏耐心了，容易冲动，一冲动就会给对手机会。其间，有一手牌本来是应该放弃的，但菲尔·赫尔穆斯仗着筹码领先玩了下去，最后白给了对手筹码。在一顿反思总结之后，菲尔·赫尔穆斯暗自下决心：下次筹码领先的时候，一定不会这么随意出牌了！

明天中午就是主赛事比赛了，而今天的大起大落让菲尔·赫尔穆斯完全没办法冷静下来。为了保持良好状态，安然入眠，他在半夜 11 点的时候，在附近慢跑，回去果真很快就睡着了。

这次比赛的主赛事一共有 76 人参加，塞德尔也来了。看到塞德尔后，菲尔·赫尔穆斯就想起了自己昨天憋屈的经历，虽然他一直安慰自己下次可以做得更好，但心里还是非常不服气，他不停地给自己打气："今天我一定要把冠军拿到手！"

主赛事中，菲尔·赫尔穆斯表现得很好，虽然前两天打得很累，但他还是进入了前十名。虽然进入了前十名，但只有前九名才能晋级到第二天的决赛。

不过，好在最后有名选手在他前面被淘汰了，他作为第九名顺利进入了决赛桌。

主赛决赛桌的阵容更加豪华：两次赢得 WSOP 主赛事冠军的陈强尼，1984 年 WSOP 主赛事冠军杰克·凯勒，当时世界排名第三的扑克锦标赛职业选手 T.J. 克劳蒂尔，

1987年WSOP主赛事亚军罗德·皮特，另外还有格伦·阿布尼、加里·伦德格伦、雨果·米斯和杰夫·罗斯坦。

比赛一开始就很刺激，陈强尼的A-Q对战罗德·皮特的A-K，最后公共牌发了一张Q，陈强尼赢了，几分钟后，罗德·皮特作为第九名出局。

接着就是菲尔·赫尔穆斯对战陈强尼，陈强尼的手牌是K♠-J♠，菲尔·赫尔穆斯的手牌是A♦-Q♦，两个人都打得非常凶，不断加注，打出了一个巨大的底池。在更强的手牌加持下，菲尔·赫尔穆斯赢了。在随后的几局中，两个人打得不相上下，最后菲尔·赫尔穆斯把陈强尼打出了局，也算是报了在上次WSOP比赛中被陈强尼淘汰的一箭之仇。

在雨果·米斯以第七名的成绩出局后，菲尔·赫尔穆斯和T.J.克劳蒂尔打了一个大底池。T.J.克劳蒂尔用K-10加注，菲尔·赫尔穆斯用7-7跟注。翻牌Q-10-5对菲尔·赫尔穆斯不利，但他仍选择打下去，转牌发出了7，扭转了局势，菲尔·赫尔穆斯击败了T.J.克劳蒂尔，随后，杰夫·罗斯坦获得了第五名，加里·伦德格伦获得了第四名。

现在，牌桌上只剩下了最后三名选手：杰克·凯勒、格伦·阿布尼和菲尔·赫尔穆斯，三个人开始谈判。按照目前的情况，第三名将获得 38 000 美元，第二名将获得 64 000 美元，第一名将获得 145 000 万美元。

此时，菲尔·赫尔穆斯注意到自己有 60% 的筹码，凯勒有 30% 的筹码，阿布尼有大约 10% 的筹码，他预估了一下，自己大约能拿到 110 000 美元。

但凯勒拒绝这样的分配方案，他说："谁知道后面会打成什么样呢！"他的语气中充满了自信。菲尔·赫尔穆斯看他这么自信，也很怕自己被翻盘，而且在他打过的所有比赛里，几乎没有赢过这么多钱。他真的非常想拿到这些钱，于是他妥协了："只要给我 97 000 美元就可以了。"但凯勒还是拒绝了。

没办法，既然谈不妥，那么是时候展示真正的牌技了！

菲尔·赫尔穆斯分析了一下当前的局势：如果把第三个人淘汰掉，他就能稳坐第二名，可以拿到至少 64 000 美元的奖金，然后用尽可能多的筹码找凯勒谈判。于是，他制定了这样的策略：顶住一切压力，以保存筹码为主。

在接下来的 45 分钟里，凯勒开始发力，他不断攻击菲尔·赫尔穆斯，好在菲尔·赫尔穆斯突然赢了个大底池，筹码回到了起初的数量。菲尔·赫尔穆斯发现，如果采取高频率的加注策略，不停地增加底池，就能得到更多的筹码，因为其他玩家会不断地弃牌，直到被人抓了诈唬。凯勒采取的就是这种打法，赢了 45 分钟，但是他被菲尔·赫尔穆斯抓了一次诈唬，45分钟积攒的优势就全输回去了。

10分钟后，菲尔·赫尔穆斯再次与凯勒对决，菲尔·赫尔穆斯的手牌是A-Q，而凯勒是K-Q。五张公共牌都是低牌，菲尔·赫尔穆斯的A起到了决定性的作用，凯勒以第三名的战绩被淘汰出局，现在，对手只剩下格伦·阿布尼了！

想到自己持有超过90%的筹码，菲尔·赫尔穆斯决定不和对手谈判了，直接把他打倒。这个时候，菲尔·赫尔穆斯想起了两天前他和塞德尔的对决。那个时候，他也有优势，却没有赢，即使他有八次机会把赛德尔拉进牌局，但还是没有把对手完全打败。这次，他绝对不能重蹈覆辙！

当菲尔·赫尔穆斯回忆起大约46小时前的那个想法时，他笑了："我今天在这里得到了一个很好的教训，下次我领先的时候，我会更谨慎地打好自己的牌。我不会鲁莽，我会等到自己有了最好的牌，即使我的对手缺乏筹码。但遗憾的是，我可能要等很长时间才能上这节'新课'，因为谁也不知道下次会过多久才到。"

原来，"下次"就是现在，仅仅两天之后！面对格伦，他决定一定要等到一手好牌，要一次就将其击败。如果没有十足的把握，绝对不玩，不给他任何翻盘的机会。

事实证明，菲尔·赫尔穆斯的策略是正确的。格伦很快就败下阵来，菲尔·赫尔穆斯拿到了冠军！在这个大型扑克锦标赛上，他再次以一流的牌技击败了对手！

从一度想要逃离此地，到最后带着 22 万美元奖金和冠军头衔坐着加长豪华轿车去世界著名的斯帕戈餐厅，只花了四天的时间。一切都真实发生了，菲尔·赫尔穆斯简直不敢相信，他不断掐自己，看看到底是不是在做梦。然后，他欣喜地发现，原来一切都是真的！这也太超现实了！

这次的比赛让菲尔·赫尔穆斯进一步认清了自己：自控力太差，容易冲动。他太想在比赛中管住自己了，这次比赛的第一天因为自控力不足而没有管理好资金，年初的 WSOP 同样也是如此，如果不把这个毛病改掉，他就不能真正成为成熟的职业扑克选手。为了让自己在输掉大底池之后依然保持冷静，菲尔·赫尔穆斯决定以后再发生这种事，他就会在心里问自己三个问题：我还有多少筹码？这些筹码相当于多少个盲注？我如何利用这些筹码将牌打到最好？他相信，只要自己养成了保持冷静和理性的习惯，以后就再也不会出现这种大起大落的事情！

在自行车俱乐部赌场取得惊人的成绩后，菲尔·赫尔穆斯在扑克界的名气更大了，还登上了当时扑克界权威杂志《扑克玩家俱乐部》的封面，并被冠以"扑克顽童"的称号。杂志封面中，三位"扑克顽童"分别是24岁的菲尔·赫尔穆斯、28岁的陈强尼和28岁的埃里克·赛德尔。后来提起这件事，菲尔·赫尔穆斯表示，这个杂志的编辑真是眼光毒辣，相当会挑人，因为塞德尔得过9次WSOP冠军（历史第四），陈强尼得过10次WSOP冠军（历史第二），而他则得过14次WSOP冠军（历史第一）。

不堪回首的黑暗时光

一战成名之后，菲尔·赫尔穆斯得意洋洋地带着20多万美元，开着崭新的凯迪拉克轿车回到了家乡，在那里玩起了各种各样的扑克游戏，但他很快就发现事情似乎和自己想象得不一样。

在玩过超刺激的大额扑克游戏之后，菲尔·赫尔穆斯发现自己回到麦迪逊后有点适应不了玩40美元奖金的小游戏，他很难在这些小额游戏里保持专注，变得没有耐心。因此，他长达半年都在连续输钱。

和一次性赢下大钱相比，长久的、连续的缓慢输钱就像钝刀子割肉，给他带来了持续的折磨。菲尔·赫尔穆斯眼看着自己的存款在慢慢减少，但怎么也改变不了，这让他越来越焦虑。他想不明白，为什么自己会从一个优雅的胜利者，变成如今这般连自己都讨厌的失败者！

在1988年9月到1989年3月的这段时间里，菲尔·赫尔穆斯输掉了几乎所有的存款。在赢得洛杉矶扑克锦标赛的主赛事冠军之后，他风光无限，自信心得到了前所未有的满足，他以为自己已经是世界一流的扑克玩家，他已经靠扑克赢下了巨额的现金。然而，持续半年的亏损把他从美梦中无情地拽了出来，给了他脆弱的心灵沉重一击。更可怕的是，长期的连续失败正在不断地消磨他的自我意识，成为日夜萦绕在他身边、挥之不去的梦魇。他开始失眠，精神也变得越来越差，一度出现了抑郁的症状。

那么，这半年都发生了什么呢？

一场失败的扑克之旅

1988年9月底,菲尔·赫尔穆斯带着弟弟戴夫开启了一场扑克之旅。戴夫只比菲尔·赫尔穆斯小14个月,但两个人的人生却截然不同:菲尔·赫尔穆斯在学校里成绩糟糕,而戴夫却成绩优异,足以考入明尼苏达大学的商学院和威廉·米切尔法学院的法学院;菲尔·赫尔穆斯经常为缺乏朋友和处理女朋友的事情而烦恼,戴夫却有着极强的社交能力,不仅朋友成群,还拥有好身材,长得也好看,走到哪里都非常吸引女孩的注意,就连在两个人的扑克旅行途中,都有一个陌生女孩追了他整整10天,而菲尔·赫尔穆斯从来不敢想象自己也能这么受欢迎。

两个人的旅行从鹿特丹号开始,他们花了10天的时间进行了一场加勒比之旅,从巴哈马到库拉索。船上有扑克游戏,包括高风险的支线游戏和小赌注的扑克锦标赛。在船上,菲尔·赫尔穆斯玩的是200/400美元有限注扑克游戏,但随着失败次数的增加,菲尔·赫尔穆斯的损失金额累计达35 000美元。在这种限额下,输掉35 000美元其实并不算很多,但毕竟菲尔·赫尔穆斯还没习惯这种级别的比赛,所以他吃不消了,这笔损失令他无比沮丧。

令人欣慰的是,他的弟弟戴夫在酒吧玩得很开心。旅行结束的时候,他还为弟弟支付了酒吧1000美元的账单。菲尔·赫尔穆斯对家人的感情一直都十分深厚,再加上自己之前打比赛赚了那么多钱,能让弟弟开心,比什么都重要。

失利于马耳他之旅

结束加勒比之旅后的第二天,菲尔·赫尔穆斯想换个地方换种心情,于是他又乘飞机前往马耳他,这是地中海的一个小岛国,就在意大利南部。

一群来自美国的玩家决定参加在龙宫酒店和赌场举行的扑克锦标赛。扑克界的传奇人物西摩·莱博维茨、T.J.克劳蒂尔、绰号"金枪鱼"的汉斯·隆德、世界扑克锦标赛冠军布拉德·多尔蒂(1991年)、杰克·凯勒(1984年)和曼苏尔·马特洛比(1990年)都参加了比赛。

菲尔·赫尔穆斯一直记着自己"胜利金字塔"中的资金管理原则,在鹿特丹号的扑克游戏中,他就没有严格执行这个原则,原本计划最多输20 000美元,但实际上他却输了35 000美元,于是他决定这次一定要管好自己的钱包。

很快,菲尔·赫尔穆斯就把自己的预算花光了:输了12 000美元,以及为两个大型扑克锦标赛门票预留的8000美元。为了管住自己,接下来的三天,他把自己关在酒店的房间里。

虽然这样做让他有点难受,但他自豪于坚持了自己的资金管理原则，避免了进一步的损失。他完全可以找别人借20 000美元继续玩下去，但他没有这样做。从某种意义上来说，他的这次旅行还是很有收获的，因为他在自我管理方面取得了突破性的进展。

在马耳他，菲尔·赫尔穆斯难得好好玩了一次，他先是体验了一把马耳他特有的超狭窄街头飙车，参观了二战遗址，还看了他人生中见过的最蓝的海。这次旅行让菲尔·赫尔穆斯的心情好转了很多，他告诉汉斯和布拉德，自己一定能赢得1989年WSOP主赛事冠军，但他们都不相信。

后来，菲尔·赫尔穆斯真的赢了1989年WSOP主赛事冠军，这两个人都惊呆了，他们也开始向菲尔·赫尔穆斯学习，提高自己的期望值，以实现积极的自我暗示。后来，汉斯真的赢了1990年WSOP主赛事冠军，而布拉德赢了1991年WSOP主赛事冠军！

菲尔·赫尔穆斯从小到大都在读的那段文字浮现了出来：

你就是你所想的那样；

你变成了你的想法；

你的想法就变成了现实。

有些事真的很神奇，自我暗示竟然可以带给人一种巨大的力量去实现目标。

短暂的轻松并没有改变菲尔·赫尔穆斯的运气。回到麦迪逊后，他还是无法赢钱，越想赢，他在牌桌上就越焦虑，他不停地向所有人抱怨自己的坏运气，发泄自己的情绪，但都于事无补。

这段黑暗时光成了菲尔·赫尔穆斯之后的几十年里最大的心理阴影。在之后的时光里，每当回忆起这段倒霉的日子，他还是忍不住问自己："我怎么能在两个月内损失55 000美元呢？到底是哪里出了问题？"

也是在这段时间，菲尔·赫尔穆斯和父亲的关系有所缓和。1988年11月，当他问起父亲最想和他去哪里旅游的时候，他以为父亲会说去澳大利亚，但父亲却说："我想去1989年的WSOP上看你比赛，你说过要拿主赛事冠军的。"听到这句话，菲尔·赫尔穆斯的眼眶湿润了，这是父亲第一次支持他的梦想。这位成功的教育家一直都希望自己的孩子可以好好读书，找个体面的工作，但菲尔·赫尔穆斯却选择了自己的道路，时至今日，父亲终于认可了他。

1988年11月初，菲尔·赫尔穆斯去太浩湖参加一位来自日本的朋友中野的高尔夫球锦标赛。除了出色的高尔夫球技，中野还拥有世界级的扑克技术。

本来菲尔·赫尔穆斯只是陪朋友来玩，但他没抵挡住别人的劝说，也加入其中玩了起来。结果不出意外，他又输了25 000美元，此时他已经累计损失了大约80 000美元。

马蹄铁酒店赌场的至暗时刻

1988 年 12 月,菲尔·赫尔穆斯前往拉斯维加斯,参加在马蹄铁酒店赌场举行的名人堂扑克锦标赛。在当时,赢得这场比赛的人可以进入扑克名人堂。

结果,菲尔·赫尔穆斯在这次比赛中又输惨了。他先是在 400/800 美元的有限注扑克比赛中输掉了 20 000 美元。按照他的资金管理原则,他应该尽快离开赛场,可惜他已经失去理智了,结果他又在一场无限注扑克比赛中输掉了借来的 15 000 美元。

第二天,菲尔·赫尔穆斯让人汇来的 40 000 美元到账了。他偿还 15 000 美元的债务后继续参加比赛,结果在另一场无限注比赛中输掉了最后的 25 000 美元。

此时的菲尔·赫尔穆斯已经输到失去理智了。什么耐心,什么自律,什么资金管理,统统抛到了脑后。此时,他的眼里只有"以翻盘终结连败"这么一个想法,多像一个赌红了眼的赌徒!当时的他已经陷了进去,丝毫没有意识到自己有多么疯狂,他玩得越来越大,越来越激进。最后,他又让人汇了 80 000 美元过来,并输掉了其中 70 000 美元!

清醒之后，菲尔·赫尔穆斯被自己的行为彻底震惊了："我怎么了？我在干什么？我曾经拥有的20多万美元去哪儿了？我应该怎样让它们回来呢？"他陷入了抑郁和恐慌中，虽然暂时没有极端的想法，但实际上已经形同行尸走肉了。

过了很久，菲尔·赫尔穆斯反思了自己那段时间的行为，他认为，主要的问题在于他没有习惯有钱的生活。很多人在突然有钱之后，还是习惯于以前的财务状况，当一大笔钱突然出现在账户里，他们反而不知道该做什么了，随之而来的就是挥霍和破产。最常见的例子就是"中彩票大奖之后破产"，很多新闻都曾报道过一些买彩票中大奖的人几年之后就迅速破产了，因为他们不知道该如何处理这些突如其来的财富。

经过分析之后，菲尔·赫尔穆斯对一切都释然了。在他看来，积累财富是一种天赋，而管理和持有财富则是另一种天赋。当他经历过失败的资金管理之后，接下来会吸取教训，避免再次出现这种状况。

在这次扑克锦标赛中，菲尔·赫尔穆斯并非一无所获。他参加了这次比赛的主赛事，而冠军的奖励有19.4万美元，如果赢了，他就可以追回之前的所有损失。

在比赛后期，T.J.克劳蒂尔、陈强尼和菲尔·赫尔穆斯在同一桌上比赛。他一开始还比较有耐心，但打了一阵子，他感觉自己状态不太好，就开始变得急躁，最后他被陈强尼找出了破绽，输掉了一个大底池。这一局直接让他心态崩溃，连续输了很多筹码。眼看自己快被淘汰了，菲尔·赫尔穆斯心一横，用ATs（同花的AT，其中T指的是扑克牌中的10）下了注，而对手的手牌是J-J，在他以为肯定要输的时候，公共牌发出了一张A，让他直接转败为胜。这一波操作直接惊呆了一旁的陈强尼："他怎么能赢这个底池，怎么能如此幸运得到A？"最终，菲尔·赫尔穆斯以第九名的成绩进入了决赛桌。

在决赛桌上，菲尔·赫尔穆斯没有发挥出正常水平，以第七名的成绩被淘汰了，赢了15 000美元，总算挽回了一点损失。

虽然在主赛事中赢了15 000美元，但菲尔·赫尔穆斯已经连续损失了20多万美元，此时的他感到非常沮丧，而且这种沮丧还无处宣泄。尽管如此，菲尔·赫尔穆斯十分庆幸自己仍保留了最后一丝理智，在人生的至暗时刻没有选择堕落，而是坚持到了光明的到来，而现在很多年轻的扑克玩家，在失意的时候就会走向堕落，比如沾染毒品和酗酒。

第四章 夺得 1989 年 WSOP 主赛事冠军

超级明星扑克锦标赛之旅

1989年1月,菲尔·赫尔穆斯回到太浩湖,参加在凯撒宫举行的超级明星扑克锦标赛。在熬了一夜之后,他赢了两个小型比赛,得到了20 000美元。

在那里,菲尔·赫尔穆斯认识了山姆·格里兹尔。他非常讨厌这个人,因为他具有超强的攻击性,嘴巴就像机枪一样不停地往外蹦侮辱人的话。他在牌桌上对每个人都恶言相向,如果你敢反驳他一句,那么你将成为他攻击的新目标。而且在打牌的时候,他也非常善于攻击别人。总而言之,他是一个令菲尔·赫尔穆斯极其不舒服的人!

为了对付山姆·格里兹尔,菲尔·赫尔穆斯决定找其他人联合起来反击。于是,他和同一桌的其他人提前商量好,只要山姆·格里兹尔骂谁,所有人就一起骂回去。这样来回互骂几次之后,山姆·格里兹尔发现自己骂不过别人,于是在之后的比赛里,他总算消停了下来。

在这场比赛中,菲尔·赫尔穆斯有一次与老对头陈强尼狭路相逢。那一次,他们坐在同一桌,玩家甲加注之后,陈强尼用A♥–J♥跟注。然后玩家乙跟注,菲尔·赫尔穆斯用手牌再次加注，玩家甲弃牌，而陈强尼又跟注了，后来玩家乙也弃牌了。

翻牌为 10♦-8♠-3♥，陈强尼过牌，菲尔·赫尔穆斯觉得自己没什么牌，也过牌了，并计划在第四条街打一枪。

转牌发出了 9♥，此时的公共牌为 10♦-8♠-3♥-9♥，陈强尼过牌，菲尔·赫尔穆斯加了半个底池的注，陈强尼用更多的筹码再次加注，菲尔·赫尔穆斯迅速弃牌。陈强尼对着菲尔·赫尔穆斯笑了笑，并用手指了指自己的手牌。这让菲尔·赫尔穆斯非常气恼。他认为这次自己发挥得非常好，却还是成了陈强尼的手下败将。如果你想知道菲尔·赫尔穆斯的手牌到底是什么，你可以自己去网上看看这场精彩绝伦的王者对决。

他生气并不是因为陈强尼嘲讽他，而是气自己再次以这种方式输给了陈强尼。他对陈强尼说："陈强尼，你再也不会在大型扑克锦标赛中打败我了！"这句话引来了全桌人的大笑，毕竟陈强尼可是当时世界上最强的扑克牌手，在过去的几年里连续拿下了几十个扑克锦标赛冠军，而菲尔·赫尔穆斯却只是个 24 岁、才参加过几次比赛的后辈。陈强尼没有笑，而是静静地注视着这个年轻人，心里在思索着什么。

1989 年 2 月《时尚》杂志刊登了一篇关于扑克的重要文章，而这篇文章的主角正是陈强尼。陈强尼在这篇文章里提到了菲尔·赫尔穆斯："菲尔·赫尔穆斯一旦学会了打扑克，就能赢得世界扑克比赛冠军。"这句话点燃了菲尔·赫尔穆斯心中的熊熊烈火，原来陈强尼一直都知道自己，并且认真地把自己当成了对手。看到陈强尼这么尊重自己，菲尔·赫尔穆斯下定决心，一定要在1989年WSOP主赛事中拿到冠军！

然而，1989年第一季度，菲尔·赫尔穆斯在各种比赛中的表现都不是很好，虽有输有赢，但始终没有再赢过大钱。

🏆 加勒比号上的作弊

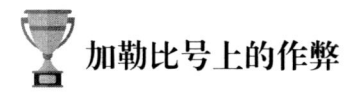

1989年4月，菲尔·赫尔穆斯独自开启了一场扑克之旅，这次他选择在加勒比号上玩。在船上，他碰到了杰克·凯勒，杰克提醒他："菲尔，牌手A和牌手B都是众所周知的骗子，你要小心他们，最好不要参加他们的比赛。"但菲尔·赫尔穆斯却不信，他一直都认为杰克·凯勒是个偏执的人，他肯定是因为自己输了才找个借口给自己找补的！而且，他从来没听说过打扑克还能作弊。他觉得如果有人作弊，自己一定能发现！于是，他加入了比赛。

后来，菲尔·赫尔穆斯认识了牌手A的妻子，两个人聊得还不错。在听说菲尔·赫尔穆斯要参加比赛时，牌手A的妻子劝他："你别打这场比赛了，很难打的。"当菲尔·赫尔穆斯问起理由时，她却闭口不谈。其实话说到这份儿上，已经很明显了，但菲尔·赫尔穆斯就是不信这个邪，一意孤行。在被骗很久之后，菲尔·赫尔穆斯这样评价自己："那时我年轻、天真、自负，无法听懂别人字里行间的意思。我以为这个女人只是怕我赢了她丈夫，根本就没往其他地方想。但我还是很欣慰的，因为她提醒了我，她对我还是保留了一些善意的。"

在这一场比赛中，菲尔·赫尔穆斯输了57 000美元，这是他职业生涯中唯一一次被骗。那场比赛打完之后，菲尔·赫尔穆斯的脑海中总是回想起当时的场景，让他觉得有些地方就是不对劲。比如，在一手牌中，菲尔·赫尔穆斯的手牌是K-J，牌手A是A-J，最后的公共牌是J-8-8-2-6，但这个人的下注方式明显不是A-J手牌的打法。

菲尔·赫尔穆斯觉得这个人根本没必要作弊，因为他其实打得并不差，完全可以通过正当手段来赢钱。后来，菲尔·赫尔穆斯听说他因为在赌场作弊被判处监禁，在华盛顿服刑。但菲尔·赫尔穆斯并没有因此感到很解气，毕竟，一个走上歧途的优秀牌手更容易让人产生惋惜之情吧！

在加勒比号上输了57 000美元后，菲尔·赫尔穆斯清点了自己的账户，发现存款只剩下18 000美元。仅半年时间，他就把20多万美元变成不到2万美元！菲尔·赫尔穆斯认真反思了自己在这半年里的表现，他觉得之所以变成这样，最主要的原因就是自己没有完全遵循"胜利金字塔"中的资金管理原则。但他表示，这些都是小事，毕竟原则是正确的，只要在以后的生涯中不断成长，掌握它是迟早的事。而且，和以前喜欢玩赌徒游戏和吸食毒品的自己相比，现在不玩赌徒游戏、不吸毒品的自己不是已经进步很多了吗？加油，菲尔·赫尔穆斯，你一定能做到！

第四章 夺得1989年WSOP主赛事冠军

创造新纪录前的最后准备

1989年的WSOP尚未开启,菲尔·赫尔穆斯的存款已经被自己花得差不多了,看着银行卡里18 000美元的余额,他做了一个大胆的决定:把所有的钱都用于还债!其实这种决策并不是明智的。对职业牌手来说,当手里的钱正好够还清所有债务的时候,他们通常只会偿还一半的债务,留下一半作为东山再起的本金。但菲尔·赫尔穆斯表示自己很讨厌欠钱的感觉(从他喜欢全款买房买车就能看出来),所以哪怕现在的形势很不好,他也要先把债务还清。在谈起这件事的时候,菲尔·赫尔穆斯总是很自豪地说:"我及时还清债务,为兄弟姐妹掏学费,时时刻刻维护我的荣誉和道德,这些都让我有了重大的责任感。我认为,一个想赢几百万美元、创造扑克历史纪录的人,首先必须有巨大的责任感!"

随后,菲尔·赫尔穆斯不断鼓励自己,他告诉身边所有的人,他将赢得1989年WSOP主赛事冠军。如果有人否定或质疑他,他就忽略掉这些人,以免影响自己的情绪。虽然从未赢过WSOP,但他还是和朋友打赌他会赢。后来,他去拉斯维加斯准备参加1989年WSOP,几十个听过他豪言壮语的人都过来嘲笑他,企图打击他的信心，但他依然坚持相信自己，并表示如果在比赛后期需要交换股份，他只愿意和陈强尼交换。

菲尔·赫尔穆斯在离开家乡去拉斯维加斯之前，特意把答录电话机中的录音改成了："我现在不在家。请在嘀嘀声之后给 1989 年世界扑克锦标赛冠军留言。"

不好打的 1989 年 WSOP

因为缺乏资金，所以菲尔·赫尔穆斯想到了一个办法来获得更多的比赛机会：他公开寻找合作伙伴，出钱最多的那个人可以和他达成交易，即这个人为他提供比赛资金，如果他赢了，他就把 60% 的奖金分给此人。但这个方案的实施效果并不理想，很多人不愿意为他掏钱，更多的人表示还想再观望一下他的表现，这让菲尔·赫尔穆斯越发焦虑，资金不足就意味着他无法买到后面几场比赛的门票（将近 20 000 美元）。

到了 5 月 12 日星期五的早上，菲尔·赫尔穆斯的资金还剩下 6500 美元。他快速浏览了一下 1989 年的 WSOP 比赛时间表，发现自己还剩下四个项目：当天的 2500 美元买入的有限注底池奥马哈，星期六的 2000 美元买入的无限注德州扑克，星期日的 2000 美元买入的有限注德州扑克，和 10 000 美元买入的主赛事（只要赢了主赛事，就是公认的世界扑克锦标赛冠军，这是菲尔·赫尔穆斯当时最大的梦想，也是他之前声称自己要赢得冠军的那场比赛）。

为了快速赚钱，再加上他认为自己的牌技水平已经足够好，菲尔·赫尔穆斯做出了一个违背自己原则的决定：花费超过资金管理原则规定的钱来参加三场卫星赛。为了获得巨大的预期收益，菲尔·赫尔穆斯认为值得这么去做。只要能赢一场卫星赛，他就可以像1988年WSOP那样重新获得大量资金，而且还会有机会参加主赛事！

当晚10点半，菲尔·赫尔穆斯的父亲也来到了拉斯维加斯，此时的菲尔·赫尔穆斯正在打有限注底池奥马哈。晚上11点15分左右，菲尔·赫尔穆斯成功打进了决赛，第一名的奖金是18.4万美元。决赛比赛开始15分钟后，菲尔·赫尔穆斯的父亲来到了现场看他比赛，这还是父亲第一次观看他的比赛！菲尔·赫尔穆斯为了给父亲留下深刻的印象，把自己最好的一面展现了出来。从此以后，菲尔·赫尔穆斯就下定决心，以后只要是重要比赛，他就会把父母接过来观看，因为父母的鼓励带给了他源源不断的力量！

实际上，这场扑克锦标赛并不好打，世界前三名的顶尖扑克牌手中有两位和他一桌，那两个人分别是杰克·凯勒和 T. J. 克劳蒂尔。在自行车俱乐部扑克锦标赛中，菲尔·赫尔穆斯赢了这两个人，拿到了冠军，如今他们又坐在一起竞争，真是巧啊！

最后，菲尔·赫尔穆斯获得了第五名，拿到了 25 300 美元的奖金，虽然没有拿到冠军，但他的经济压力已经大大减小了。

1989年WSOP主赛事之第一天

在来拉斯维加斯之前，菲尔·赫尔穆斯曾经特意和父亲说："你不要在主赛的时候坐在我旁边看我比赛，不然我会分心的。"星期一是比赛的第一天，上午11点，菲尔·赫尔穆斯的父亲为他端来了早餐，虽然不能亲自去现场为儿子加油，但他用自己的方式表达了对儿子的支持。

中午，菲尔·赫尔穆斯走进马蹄铁酒店赌场，开始了新的征程！

第一天相对平静，菲尔·赫尔穆斯凭借高超的技术积累了大量的筹码。174名选手中78名被淘汰，剩下的人平均筹码是10 000个，而菲尔·赫尔穆斯手里有24 575个筹码，在近100名选手中位列第24名。

强大的对手依然有很多，而且很多人积累筹码的速度比菲尔·赫尔穆斯还要快，以下是部分高手的筹码统计情况：WSOP卫冕冠军陈强尼31 500个，扑克名人堂成员莱尔·伯曼30 425个，演员和半职业扑克选手加布·卡普兰27 600个，扑克界的传奇人物埃里克·塞德尔21 475个，两次荣获WSOP冠军的道尔·布朗森21 175个，扑克名人堂成员里斯 20 350 个，"伟大的扑克老人"和三届 WSOP 冠军约翰·莫斯 18 625 个，沃尔特·皮尔森 17 150 个，哈米德·达斯特马尔奇 36 400 个，诺埃尔·弗隆 26 800 个，吉姆·柏克德 24 000 个。

1989 年 WSOP 主赛事之第二天

第二天上午 11 点，父亲又为菲尔·赫尔穆斯送来了早餐。虽然两个人没说几句话，但菲尔·赫尔穆斯感受到了巨大的力量，他决定今天继续加油，让自己成为父亲的骄傲！

在换了一次赛桌之后，菲尔·赫尔穆斯和约翰·博内蒂被分到了同一桌。后来，两个人成了很好的朋友，但在当时，两个人是强有力的竞争对手，他们很快就针锋相对了起来。

菲尔·赫尔穆斯拿到了手牌 A-K，他自信心爆棚，和博内蒂打出了一个超大的底池，但博内蒂的攻击性太强了，最后菲尔·赫尔穆斯弃牌认输。在赢下底池之后，他还不忘嘲讽菲尔·赫尔穆斯："小男孩就不要妄想做男人该做的事情！"这句话引来了桌上选手和周边观众的笑声，刺痛了菲尔·赫尔穆斯敏感的心，他的脸一下子变得通红，心里暗暗发誓，一定要让这个家伙付出代价！

两个人的"战斗"持续升温，菲尔·赫尔穆斯头脑一热，用 9♥-3♥ 在 A♥-K♥-J♠ 的牌面上加了个大注，博内蒂全部跟注，翻出了手牌，是 Q♥-4♥。最后，两张公共牌是与同花毫无关系的 7♠-6♦，但博内蒂的手牌更大，赢下了将近 60 000 个筹码的巨大底池。

在输牌之后，菲尔·赫尔穆斯才后知后觉地反应过来，他心里暗暗骂自己："这就是你在 WSOP 主赛中的打法？别犯傻了，好好打你的牌吧！"与此同时，博内蒂在那边又开始嘲讽他："我都说过了，小男孩不要妄想做男人该做的事情！"这一次，周围的人笑得更大声了。

输牌的尴尬加上被嘲讽的恼怒，让菲尔·赫尔穆斯的情绪激动了起来，但他很快就意识到，如果这个时候他不能控制住情绪，就会出现更多的失误，那么等待他的迟早是淘汰！

菲尔·赫尔穆斯极力地克制自己，这是他在 1989 年 WSOP 比赛中经历的第一次严峻的情绪控制考验。当时他的心理活动是这样的："你已经很努力了，现在你必须保住筹码，耐心点，菲尔，你知道这个游戏是什么样的。"

虽然失去了筹码上的优势，但菲尔·赫尔穆斯依然还有 24 000 个筹码。随后，便来到了下一局。

最后，菲尔·赫尔穆斯幸运地赢下了底池，于是心态也变好了，他感觉自己的理性又回来了！

之后，菲尔·赫尔穆斯与诺埃尔·弗隆（后来赢了 1999 年 WSOP 主赛事冠军）成为同一桌的对手，两个人很快就对战上了。

结果，菲尔·赫尔穆斯被弗隆诈唬了！而这一幕刚好被拉斯维加斯的一位媒体摄影师拍了下来，第二天，菲尔·赫尔穆斯和诺埃尔·弗隆的这场对战出现在了报纸头版，标题是："赫尔穆斯被爱尔兰人弗隆诈唬了！"

这次菲尔·赫尔穆斯的心态明显好了很多，比赛打到晚上，只剩下最后 27 人，菲尔·赫尔穆斯非但没有被淘汰，筹码竟还累积到了 92 800 个。

赛后，菲尔·赫尔穆斯和父亲在外面遛弯，遇见了亨贝托。亨贝托说："我听说了你和博内蒂的那次对战，那把你输了，我真心为你感到难过。"菲尔·赫尔穆斯回答道："我还没被淘汰呢，宝贝！相反，我的筹码已经有 90 000 多个了。"

亨贝托回答说："那太好了，你可千万不要被博内蒂影响心态，你要时时刻刻保持冷静和专注！"菲尔·赫尔穆斯非常感动，这句简单的鼓励，他在心里记了 30 多年。

1989 年 WSOP 主赛事之第三天

星期三上午 11 点，菲尔·赫尔穆斯的父亲又为他送来了早餐。同样，菲尔·赫尔穆斯穿上了与前两天相同的蓝白色牛津衬衫，戴着同样的深蓝色棒球帽。不过，他没有穿和前两天相同的袜子和内衣，因为他有点小洁癖，难以忍受穿了三天的内衣的味道。

菲尔·赫尔穆斯有点小迷信，他相信自己在运气好的时候，就要尽可能保持同样的状态，这样可以防止好运气溜走。他认为这并没有什么不好的，如果这是真的，那么他为什么不选择相信好运呢？选择相信好运，那么好运也许会成为现实呢。这个逻辑有问题吗？完全没有！

因此，他相信有些衣服对他来说是幸运的。如果他赢得了一场比赛，那么在整个比赛结束前他就会一直穿完全相同的衣服。

第三天的比赛是 27 进 6，和第二天相比，晋级压力反而小了一点。在打进决赛桌之前，菲尔·赫尔穆斯的运气一直比较好，没有碰到很难缠的对手，也没有经历输掉大底池的考验。

在进入决赛桌比赛时，菲尔·赫尔穆斯目睹了一名选手的惨败。菲尔·赫尔穆斯是这样分析这名选手的失败的：也许他看到梦想和金钱离自己太近了，激动得不知道如何面对；也许他糟糕的家人让他觉得自己不该赢；也许他认为自己不配成为世界冠军而故意输掉比赛；也许他是一个酒鬼和瘾君子，他觉得自己不配赢得世界冠军；也许他在这场比赛中承受了太大的压力，所以他宁愿提前输掉比赛……人自我毁灭的原因千奇百怪，谁又能知道别人为什么而崩溃呢？

经过这样一番思考，菲尔·赫尔穆斯反而不觉得自己有压力了，多大点事呢？世间本无事，庸人自扰之。很多时候人都是在自寻烦恼罢了，不如活在当下，打好手里的牌。

比赛决出前六名，而且阵容相当豪华，每一位都是扑克界的重量级人物。对菲尔·赫尔穆斯来说，面对这些人他的压力是巨大的。

好在9点之前就结束了比赛，菲尔·赫尔穆斯有充足的时间放松一下自己。正好这段时间图利也在拉斯维加斯探亲，顺便来看WSOP，于是菲尔·赫尔穆斯就邀请图利和他共进晚餐。

一开始，菲尔·赫尔穆斯在安静吃饭，因为他得为明天的比赛保存体力，要知道明天的那些对手都不是等闲之辈，和他们斗智斗勇是很耗费体力的。

这时，图利突然问菲尔·赫尔穆斯："如果你拿到了K-K，对手拿到了A-A，会怎样？"

本来就十分紧张的菲尔·赫尔穆斯听到这句话后立马跳了起来，大喊道："你在说什么？这事绝不可能发生，闭上你的乌鸦嘴！"

图利好像不明白他为什么这么激动，还一脸天真地说："我只是假设而已。"

菲尔·赫尔穆斯几乎快崩溃了，他大喊道："不可能！绝对不可能！"

这事也不能完全怪他，谁让他是个"迷信主义者"呢？他坚信现在所说和所做的事情会影响未来，如果现在说了丧气话，那么在比赛的时候，就可能真的失利！他一直以来都在鼓励自己，宣扬自己的强大，不就是为了让自己真的变强吗？所以他绝对不能忍受任何人对他的"诅咒"，哪怕这些不一定真的会发生。

好在菲尔·赫尔穆斯的父亲及时赶了过来，把两个人劝开了。菲尔·赫尔穆斯生怕这个"诅咒"会实现，于是他连忙在脑海中想象："明天是我创造扑克界历史纪录最大的机会，我已经在脑海中看到我赢了。我明天一定会打出完美的扑克，把我的愿望变成现实！"

平静下来后，菲尔·赫尔穆斯这才回到酒店，舒舒服服地睡了一觉。

1989年WSOP主赛事之第四天

1989年5月18日星期四上午11点，父亲敲开菲尔·赫尔穆斯酒店房间的门。在为期四天的主赛事中，他每天都会为儿子提供同样的早餐：新鲜水果、玉米片，并为儿子带来真挚的祝福。

比赛时间到了，菲尔·赫尔穆斯走进决赛现场，他看着四周的看台，看台上挤满了观众。而现在，菲尔·赫尔穆斯正在和陈强尼一决高下，争夺创造新纪录的机会：陈强尼想成为第一个实现WSOP主赛事三连冠的人，而菲尔·赫尔穆斯正在试图成为WSOP史上最年轻的主赛事冠军！美国知名媒体ESPN正在全美各大电视台转播这场比赛。

这一天，菲尔·赫尔穆斯决定学陈强尼那样隐藏自己的情绪，于是他也学陈强尼，在比赛开始的时候戴上了一副太阳镜。就这样，两个戴着太阳镜的顶尖高手开启了他们的战斗。

菲尔·赫尔穆斯之前从来没有戴着太阳镜参加过比赛，他不知道自己是否能坚持到比赛结束（多么任性的一个人），最后现实告诉了他答案：他只能坚持40分钟。

摘下太阳镜的原因很简单：前40分钟他并没有赢很多。

在这场比赛中，诺埃尔·弗隆打得非常凶狠，他很快就积累了许多筹码。他打得太激进，菲尔·赫尔穆斯毫无还手之力。当比赛进行到90分钟的时候，盲注级别达到了3000/6000，菲尔·赫尔穆斯用T-T的手牌下注21 000个筹码，弗隆就加注到80 000个。

菲尔·赫尔穆斯对这个加注感到很难受，因为这是最后的比赛了，他想打得稳一点，不想早早地玩大底池，万一输了很可能就被淘汰了。要知道，这场比赛的奖金很多，奖金金额差距也很大，第一名75.5万美元，第二名30.2万美元，第三名15.1万美元，第四名83 050美元，第五名67 950美元，第六名52 850美元。如果想赚一笔大钱，那么他必须坚持到剩最后三个人。

回到这一把，菲尔·赫尔穆斯想着："看样子弗隆不想放过我，我还不如直接应战呢！"于是他跟注了。没想到翻牌是J-J-10，菲尔·赫尔穆斯的牌组成了葫芦牌型！但他故意表现出自己没有牌的样子，第二轮过牌给弗隆，弗隆再次加注80 000个筹码之后，菲尔·赫尔穆斯本应全下，但他害怕弗隆有更好的牌翻盘，于是他只跟注了而没有全下。最后也没有出现什么奇迹，菲尔·赫尔穆斯只是小赢了一把。

虽然由于自己的谨慎而少赢了筹码，但菲尔·赫尔穆斯并不为此懊恼。毕竟这场比赛如此重要,谨慎一些总归是好的,少赢的同时自己也承担了更低的风险,这是完全可以接受的!

随后,弗隆就被陈强尼狠狠"教训"了。那一局,弗隆和陈强尼打了一个大底池,两个人都是口袋对,但弗隆是9-9,陈强尼是J-J。两个人在翻牌前就打得很激烈,来回加注了三次。

翻牌发出了J♠-5♥-3♣,陈强尼在弗隆过牌之后也选择过牌,这一操作直接迷惑了弗隆,让他误以为陈强尼没有好牌。

转牌发出了8♠,弗隆过牌后,陈强尼加注,弗隆又加了更多的注,陈强尼只是跟注。

河牌发出了A♠,弗隆把所有的筹码全下,陈强尼跟注,直接拿下一个超大的底池!

好在弗隆的筹码比陈强尼多一些,因此他并没有输掉所有的筹码。但接下来他就没有那么幸运了,因为他又对战上了陈强尼。之后,弗隆以第六名的成绩被陈强尼淘汰。

大约1小时后,陈强尼又淘汰了第五名的伯曼,现在决赛桌上仅剩最后四人。

过了一会儿,盲注级别达到了3000/6000,菲尔·赫尔穆斯在小盲位,其他人都弃牌了。菲尔·赫尔穆斯用6♠-4♠跟注3000个筹码。坐在大盲位的泽文加注到20 000个筹码，菲尔·赫尔穆斯跟注。

一般来说，菲尔·赫尔穆斯这样的牌是不能跟注泽文的，但菲尔·赫尔穆斯在观察泽文之后，发现这个人似乎没有用中等牌和大牌加注的习惯，他喜欢用小牌加注。于是，在判断对方可能比较弱的情况下，菲尔·赫尔穆斯选择了跟注。

翻牌发出了K♠-9♠-3♠！菲尔·赫尔穆斯击中了同花！他非常高兴，但仍担心泽文有更大的同花。菲尔·赫尔穆斯过牌，泽文加注了80 000个筹码，菲尔·赫尔穆斯把自己的32万个筹码全部下注，泽文跟注了。菲尔·赫尔穆斯此时非常紧张，他害怕泽文有三个3或者是三个9，这样泽文很可能组成葫芦牌型，他也害怕泽文有更大的同花。

最后两张公共牌也发了出来，和三张翻牌组成了K♠-9♠-3♠-8♠-4♣的牌面，此时泽文也翻出了他的手牌：A♠-3♦。果然，只要再发出一张黑桃，或者是让泽文组成了葫芦牌型，菲尔·赫尔穆斯就输了。不过，万幸的是，这次菲尔·赫尔穆斯的运气占了上风。

这次的胜利让菲尔·赫尔穆斯拥有的筹码超过了70万个。

15分钟后，盲注级别还是3000/6000，陈强尼用手牌9-9在枪口加注21 000个筹码，洛特弃牌，而菲尔·赫尔穆斯坐在小盲位置，手牌是T-T。对他来说，这是一个积累筹码绝佳的机会！于是，他果断跟注。

这时，大盲位的泽文用手牌A-J加注到10万个筹码，陈强尼也紧跟着加注到20万个筹码，这是一个足够让泽文全下或弃牌的筹码数量。看到两个对手都这么凶，菲尔·赫尔穆斯吓得赶紧弃牌了，他可不愿意加入到这么危险的对局中。

最终公共牌是J-5-3-Q-A。单从手牌来看，陈强尼和泽文的获胜概率比例应该是6∶5，但公共牌让泽文凑出了两对，最后泽文赢得了那个有40万个筹码的底池。菲尔·赫尔穆斯心里默默地想："如果我刚才勇敢一点加注回来，一定会迫使泽文弃牌，然后我再和陈强尼单挑，并打败他。"可惜世上没有后悔药，他只能在心里怪自己没那命。

90分钟后，盲注级别已经达到了5000/10000。菲尔·赫尔穆斯用A♣-10♣在枪口开池加注35 000个筹码，庄位的泽文手牌是T-T，陈强尼在小盲位弃牌，大盲位的史蒂夫·洛特加注到83 000个筹码。

菲尔·赫尔穆斯心想："在我看来，史蒂夫并不是很强的对手。我要是跟注，泽文应该会弃牌或跟注，然后我们会一直过牌，直到五张公共牌都发完。"思考过后，菲尔·赫尔穆斯决定跟注，他想着自己应该能把五张公共牌都看到。

刚下完注，菲尔·赫尔穆斯就听到泽文说："我全下！"这一操作打乱了菲尔·赫尔穆斯的计划，他当即要求数筹码，最后工作人员告诉他，泽文还有 16.3 万个筹码。

菲尔·赫尔穆斯在大脑中计算着："有 52.7 万个筹码在底池，我需要花费 16.3 万个筹码跟注。因此，我的赔率是 3∶1，而且我还有机会打败剩下的两名选手。如果我赢了比赛，打败了那两名选手，那么我就是第二名，能获得 30.2 万美元。"

从数学计算的角度来看，菲尔·赫尔穆斯必须跟注，因为他赢下那两个人的概率很大，收益也很可观。但他转念一想，16.3 万个筹码太多了，如果打稳一点，后面还是有机会赢的。

但这里是比赛，是 WSOP 主赛事的决赛，意识比数学计算更重要。所以，菲尔·赫尔穆斯还考虑了另一个问题："泽文是什么样的手牌，可以加注两次？应该不是 A-A、K-K、A-Q、A-Q 或 A-J，而是中等大小的口袋对，比如 8-8 或 9-9。如果是这样的话，我确实是有一点优势的，我和他的获胜概率比例应该是 6∶5。还有，他可能有 J-J 或 T-T 吗？如果他有，我就很难打败他了，但我觉得他没有！"

于是，菲尔·赫尔穆斯跟注了，三个人也都亮出了手牌：洛特 2-2，菲尔·赫尔穆斯 A♣-10♣，泽文 10-10。

"可恶，他居然有 T-T，这对我不利！我现在只有 50% 的机会赢下底池了！"菲尔·赫尔穆斯心里有点慌神，但还是强装淡定。几秒之后他就装不下去了，他走到栏杆边缘，板着脸看向远离牌桌的另一边。

他听到工作人员报出的牌："翻牌是 A-7-7！"

"我这到底是好运气还是坏运气呢？"菲尔·赫尔穆斯心里想着。

"转牌是 ♥Q！"

"很好，不是 10 就好。"菲尔·赫尔穆斯依然没动。

"河牌是 ♦8！菲尔·赫尔穆斯赢了！他淘汰了唐·泽文和史蒂夫·洛特！第三名是泽文，第四名是洛特！"

听到这个好消息，菲尔·赫尔穆斯瞬间就把坏心情抛到了九霄云外。他十分激动，浑身都开始颤抖起来！

现在桌上只剩下陈强尼和菲尔·赫尔穆斯了，两个人休息了一会。ESPN 的记者还在一旁忙着采访泽文和洛特，一切看起来都美妙极了。

菲尔·赫尔穆斯与陈强尼终极对决

菲尔·赫尔穆斯死死地盯着对面的陈强尼,这是菲尔·赫尔穆斯扑克职业生涯中最难缠的对手,屡次将他击败。菲尔·赫尔穆斯明白,如果自己想站在扑克之巅,今天必须用实力和勇气赢陈强尼一次。

面对菲尔·赫尔穆斯炽热的目光,陈强尼显得格外从容,他今天穿着一件红色和蓝色的菲拉热身服(这是20世纪80年代末的流行服饰),胸部上半部分是红色,胸部下半部分是蓝色,一直延伸到腰部。这套菲拉热身服在他的胸部和背部有一条一英寸(约2.54厘米)宽的白色条纹,将红色和蓝色分开。他甚至还朝菲尔·赫尔穆斯微笑了一下,似乎在说:"进攻吧,小子,让我看看你和之前比有没有进步。"

顶着巨大的压力,菲尔·赫尔穆斯心里默念着:"我能行,我已经强到跟他一个水平了,这次一定要相信自己!"他吞了吞口水,坚定地对陈强尼说:"这次我一定会打出完美的扑克!"是的,想要打败陈强尼这种级别的对手,必须打出最完美的扑克来!

创造新纪录的时刻来临了,是诞生 WSOP 史上最年轻的扑克冠军，还是出现 WSOP 史上第一个主赛事三连冠？两个人的对决赚足了噱头，场内场外无数扑克迷在关注这场高手间的对决。

菲尔·赫尔穆斯一开始的筹码有 120 万个，陈强尼有 60 万个。两个人开始打得很慢，都在试探对方。菲尔·赫尔穆斯努力控制着底池，不给陈强尼一次打回来的机会，这样的局面维持了半小时。

随后，陈强尼加强了攻击，菲尔·赫尔穆斯也敏锐地感觉到了陈强尼的变化。菲尔·赫尔穆斯展现出了自己成熟的一面，他一直在弃牌，等待着一手足够强的牌来打一个大的底池，完成反击。

32 分钟后，菲尔·赫尔穆斯开始行动。这次他的手牌是两个黑色的 9，他加注之后，陈强尼马上加了一倍，菲尔·赫尔穆斯感到无比紧张。接下来，菲尔·赫尔穆斯持续保持自己的状态，他像石头一样一动不动，眼睛一直盯着桌子中间的一个位置。这并不是在发呆，而是在使用 T.J. 克劳蒂尔告诉他的诀窍："向厉害的对手提供尽可能少的信息，只要盯着桌子中间的一个位置即可。"在陈强尼这样强大的对手面前，避免情绪的流露可以很好地保护自己，让他无法通过表情动作猜到自己的牌。

他很犹豫，是跟注还是弃牌？如果跟注，自己的牌也是有一些赢面的，而且赢了的话可以直接把陈强尼淘汰掉，成为冠军；如果弃牌，也是出于谨慎的考虑，因为陈强尼很有可能拿着 K-J 或 K-10、Q-J 或 A-10 这样比自己强很多的牌，感觉等待下一次机会似乎更好。

该怎么做呢？菲尔·赫尔穆斯感觉心烦意乱，突然他想到了一件事：陈强尼已经用这招把自己吓跑两次了，难道要重复第三次吗？于是，他冷静了下来，说了一句：我跟注。

陈强尼翻开手牌，是 A♠-7♠，这让菲尔·赫尔穆斯感觉很不舒服。他十分惊讶原来陈强尼的牌这么弱，而自己差点又被他骗了！

在发出公共牌之前，菲尔·赫尔穆斯请陈强尼出去谈交易。菲尔·赫尔穆斯对陈强尼说："我知道我这手牌赢的概率更大，所以我这样出价：如果我赢得了冠军，我付给你 10 万美元，这样你至少赚 40 万美元，如果你赢得了冠军，你给我 20 万美元，这样我至少赚 50 万美元。"

陈强尼却摇了摇头说："我不同意，我们还是回去看公共牌吧！"

菲尔·赫尔穆斯有些急了，心想他为什么这么有信心？他那种牌凭什么赢我？但他心里还是有点发怵，生怕出什么变故。

于是他赶忙说："那给你 15 万美元怎么样？"陈强

尼点头说:"好。"

这让菲尔·赫尔穆斯意识到,自己又被耍了,陈强尼一开始拒绝实际上是在砍价!可恶,这个人太精明了,三番两次地戏弄自己!

回到比赛室,公共牌开始发出。

翻牌是 K-T-T,现在陈强尼只需一个 A 或 K 就能翻盘。

转牌是 Q,现在陈强尼需要 A、K、Q 或 J 才能赢得冠军。待发的牌里剩下三个 A、三个 K、三个 Q、四个 J。陈强尼有 13 张牌可以赢,而菲尔·赫尔穆斯则有 31 张牌可以赢。菲尔·赫尔穆斯成为世界扑克锦标赛冠军的梦想就押在一张牌上!

河牌是 6♠,菲尔·赫尔穆斯振臂欢呼,他赢了!在欢呼几秒钟后,他开始四处张望,寻找他的父亲。父亲也从看台跑过来,父子俩紧紧地拥抱在一起。父亲掩饰不住自己的骄傲,他不断地向菲尔·赫尔穆斯重复诉说自己如何爱他。对菲尔·赫尔穆斯来说,在实现人生目标的那一刻,自己的父亲就在那里看着,这是人生的无价之宝!两个人终于永远放下了曾经的冲突和不理解。

几分钟后，当菲尔·赫尔穆斯接受 ESPN 和其他十几家媒体采访时，他看了看自己的父亲，父亲正在认真地回答一名记者关于他儿子的提问。那一刻，菲尔·赫尔穆斯露出了微笑，他体会到了真正的快乐。

在接受完所有的采访后，菲尔·赫尔穆斯的脸上挂着微笑，邀请一群朋友去凯撒宫酒店和赌场的酒师餐厅吃庆功宴。晚餐时，他花了大约 1700 美元，这是迄今为止他花费最多的晚餐账单，其中大部分都用来买香槟了。晚宴结束后，他送父亲登上回家的飞机，自己则陪朋友们玩到了半夜。

天快亮了，他终于决定回家。怎么回去成了一个问题，要包一架私人飞机吗？父亲已经走了，自己包一架飞机回去是不是太奢侈了？但他想起来自己在来之前对朋友们许下的诺言："如果我赢了，我就用私人飞机送你们回去。"思量片刻之后,他还是决定租一架飞机,因为他不想让自己食言,诚信比飞机贵重多了,而且,这也是对今天这个特别时刻的纪念。最终,菲尔·赫尔穆斯花费6500美元租了一架8座的李尔王飞机,带着朋友们风风光光地飞回了麦迪逊。

在私人飞机上,菲尔·赫尔穆斯欣赏到了前所未有的美景,据飞机上的飞行员所说,私人飞机的高度比商用飞机高很多,因为可以让乘客欣赏到壮观的风景。听到这里,菲尔·赫尔穆斯不禁感叹:有钱真好啊!就连坐飞机都能飞得更高。

回到麦迪逊,菲尔·赫尔穆斯受到了母亲和两个妹妹的热烈欢迎,她们还为他做了一个超大的牌子,上面写着"祝贺这位新的世界冠军。"这一切对菲尔·赫尔穆斯来说仍然是如此的超现实,但有件事是可以肯定的:终于,他的扑克事业得到了家人100%的支持,这让他感到十分激动。

星期日,菲尔·赫尔穆斯的朋友韦恩·泰勒在诺拉餐厅举办了一场300美元的扑克锦标赛,并特别邀请了菲尔·赫尔穆斯参加,50多名玩家前来一睹这位年轻的世界冠军的风采。当菲尔·赫尔穆斯入场的时候,房间里的每个人都起立鼓掌,这让菲尔·赫尔穆斯的虚荣心得到了极大的满足。刚刚赢下WSOP的菲尔·赫尔穆斯此时自信心爆棚,他和杜威·韦姆打赌500美元,5∶1,

他一定会赢得这次比赛。当菲尔·赫尔穆斯以筹码领先进入决赛桌时,杜威决定提前认输付钱,后来菲尔·赫尔穆斯确实赢了这场比赛。对菲尔·赫尔穆斯来说,这次的胜利与钱无关,他只是为了向家乡的扑克玩家们展示,他并非徒有虚名!

第五章 爱情与家庭

在伦敦的胜利

在赢得 WSOP 主赛事冠军几周后，1989 年 6 月 2 日，菲尔·赫尔穆斯飞往英国伦敦，参加在梭鱼俱乐部举行的全英大奖赛（AEGP）扑克锦标赛。AEGP 只有 8 项赛事，主赛事是 2500 英镑买入的比赛，但在主赛事之前还有一些有趣的赛事，主要是一些娱乐性质的扑克游戏，比如无限注五张牌抽签、无限注五张牌、无限注七张牌，这些都是只在英国比较流行的扑克游戏。

在这次的赛事中，菲尔·赫尔穆斯也有不小的收获，他赢得了奥马哈亚军，奖金是 6000 英镑（相当于 9291 美元）和无限注五张牌螺柱比赛亚军，奖金是 5000 英镑（相当于 7742 美元）。对于这个结果，菲尔·赫尔穆斯还是相当满意的，毕竟这是他人生中仅有的一两次无限注五张牌螺柱比赛。随后，他又赢得了无限注五张牌抽签季军，奖金是 3975 英镑（相当于 6155 美元）。赛后，他对这次比赛的评价是："伦敦的选手真鲁莽，有一点小优势就敢玩大底池。我可是很有耐心的，只要我等到了一个大优势，反杀他们是轻而易举的。而且，他们的情绪控制能力也很弱，筹码一少就开始慌乱，打起牌来毫无底气，前期我的筹码数量处于劣势，但依然能慢慢超过他们。"

作为新任的世界扑克锦标赛冠军，菲尔·赫尔穆斯在伦敦受到了极大的尊重，许多知名媒体都报道了他在伦敦的比赛。6月11日，《星期日邮报》专门刊登了整版文章来报道菲尔·赫尔穆斯，上面写着："不要跟这个孩子开玩笑。"这篇报道在英国引起了强烈反响，菲尔·赫尔穆斯也感觉自我良好。

回顾这场无限注五张牌螺柱比赛，菲尔·赫尔穆斯获得了亚军，传奇人物西摩·莱博维茨赢得了冠军，而曼苏尔·马特洛比获得了第三名。巧合的是，在第二年，曼苏尔·马特洛比赢得了1990年WSOP主赛事冠军！

曼苏尔给菲尔·赫尔穆斯留下的印象相当不错，虽然他只获得了第三名，但菲尔·赫尔穆斯认为，实际上他的表现更好。在另外一场比赛中，曼苏尔还拿到了一个冠军。回忆起两个人同桌比赛的那天，菲尔·赫尔穆斯还记得，有一位绅士特意告诉他："曼苏尔是世界上最好的选手，他将赢得明年的WSOP。"这句话让菲尔·赫尔穆斯感觉自己被轻视了，因为他之前从来没听说过曼苏尔这个名字。但在和曼苏尔对战之后，菲尔·赫尔穆斯不得不承认："他确实是一个伟大的扑克玩家。"

这场比赛的冠军西摩·莱博维茨也给菲尔·赫尔穆斯留下了深刻印象，他是扑克界的传奇人物，一直都名声在外。在比赛中，菲尔·赫尔穆斯能感觉到这个人十分固执，他从来不在扑克桌上泄露筹码。这个身高 178 厘米，秃头，大概 70 多岁的男人，有穿绿色战斗服的习惯，菲尔·赫尔穆斯认为这套衣服非常适合他参加比赛，因为他真的很像一个战士！菲尔·赫尔穆斯觉得西摩喜欢扑克游戏是因为他喜欢参加比赛，喜欢那种与高手对决的快感。在这次伦敦的比赛中，西摩赢得了八场扑克锦标赛中的两场，包括打败菲尔·赫尔穆斯这一场。

最终，菲尔·赫尔穆斯在伦敦赢了大约 30 000 美元，对于这个结果，他还是很满意的。伦敦给了他与美国不一样的感觉，这里的打牌风格、这里的人、这里的扑克世界都和美国不同，而他很享受这种异域的扑克风情。

与爱人的初识

离开伦敦后,菲尔·赫尔穆斯赶往北达科他州的法戈,和他的老朋友一起参加一个小型扑克锦标赛。于是,他先飞到明尼苏达州的明尼阿波利斯,去见大艾尔,和他一起开车去法戈。同时,他还在阿明尼波利斯会见了在此定居的弟弟戴夫,陪他玩了一天。在法戈的扑克锦标赛中,菲尔·赫尔穆斯只赢了5000美元,没什么大的收获,所以他很快准备打道回府了。

回到麦迪逊后,菲尔·赫尔穆斯回到了他租住的公寓楼艾伦之家。他发现不知道从什么时候开始,这里已经居住了很多华盛顿大学的研究生,而他之前从来没有留意过自己的邻居是谁。

走上自己居住的二楼之后,菲尔·赫尔穆斯刚打开走廊的门,就看见一个美丽的女人正好走到走廊尽头的拐角处,径直朝他走过来。他注意到她身高178厘米,瘦但是有一种健康美,留着中等长度的棕色头发。菲尔·赫尔穆斯的心跳突然加速,两个人擦身而过的时候,他鼓起勇气对女人说:"你好!"女人也回了他一句:"你好。"

回房间的路需要经过洗衣房，菲尔·赫尔穆斯想起来，刚刚那个女人拿着一个空的洗衣篮。所以，她很有可能还会回来！于是，他连忙计算洗衣机和烘干机运作的时间，真是难为好几年都没有自己洗衣服的他，竟然能想起来水洗衣服是 45 分钟，干洗是 20 分钟。于是，他推断她 20 分钟后可能会回来！

时间紧迫，菲尔·赫尔穆斯迅速打开公寓的门，径直走到浴室，刷了一个人生中最干净的牙，刮胡子，洗头发，洗腋窝，喷上除臭剂，然后换衣服，跑回走廊。当房间的门砰一声关上时，他突然想起来，他把房间的钥匙留在了刚换下的裤子里，而裤子还在房间里。他被关在外面了！

他急忙跑到楼下前台，结果前台告诉他，很不巧，他们没有备用钥匙。前台的女人建议他叫个锁匠帮忙，但又不把手机借给他，真是让人头疼。

现在这个情况，要么打电话叫锁匠开门，要么叫他妹妹给他送钥匙，但是他没有手机，所以还是得借个手机才行。所以他跑上楼，先去洗衣房看了一眼，确认那个女人还没回来，接着他敲响了邻居的门。

对方几乎没有开门——锁链还在——冷冰冰地说："有事吗？"菲尔·赫尔穆斯赶忙说："嗨，我是你隔壁的邻居，把自己锁在外面了，我可以借用你的电话叫人吗？"邻居把电话借给了他，他成功联系到了妹妹，接下来就是度日如年的等待。

菲尔·赫尔穆斯尴尬地站在走廊里，一边等待妹妹一边等待那个神秘女人，考虑到妹妹没有大门的门禁卡，他每隔几分钟还要专程跑到楼下看看她有没有到，再跑上楼看看神秘女人有没有过来。这样来回几次后，菲尔·赫尔穆斯累得满头大汗。

最后，妹妹莫莉带着钥匙来了，还带了两个朋友。菲尔·赫尔穆斯终于打开了门，他邀请妹妹和朋友进屋，并请他们喝啤酒，还向他们讲述了刚才的故事。莫莉听完他的诉说，回答道："如果你娶了这个女人，那你们以后一定会给大家带来快乐的！每当有人问你是怎么认识她的，你就可以告诉他们这个有趣的故事了！"

从神秘女人走后已经过去了一个多小时，菲尔·赫尔穆斯已经去洗衣房看过十多次，仍没见到她的身影。

不知道是第十几次了，当菲尔·赫尔穆斯刚把头探出走廊的时候，他看见了她。是时候主动出击了！菲尔·赫尔穆斯连忙走过去与女人尬聊了起来，从聊天中得知她叫凯西。

几分钟后，菲尔·赫尔穆斯也不知道该聊些什么了，两人正准备道别，他问道："我要搬走了，以后都可能见不到了，今晚可以和你吃个饭吗？"

凯西思索了 10 秒钟说："不。"

这可不是个好兆头，一边这样想着，菲尔·赫尔穆斯一边不死心地继续问："那明天晚上呢？"

10 秒钟后，凯西又回答说："不。"

事情变得糟糕了，菲尔·赫尔穆斯有点沮丧，但他依然想再为自己争取一下："那后天晚上呢？"这次凯西思考了 15 秒，还是回了一句："不，我很忙。"

菲尔·赫尔穆斯像一只斗败的公鸡一样垂下了头，他已经接受了这个失败的事实。正当他转身准备离开的时候，女人说："大后天晚上我有空，可以和你去吃晚饭。"

菲尔·赫尔穆斯赶忙问道："7 点钟可以吗？"

凯西回答："可以，就这样说好了。"

菲尔·赫尔穆斯想破头也没想明白，为什么她可以拒绝他三次，最后却接受了他，这个女人的葫芦里到底卖的什么药？

不过，能约到心仪的女人一起吃饭，菲尔·赫尔穆斯还是很开心的，两个人继续聊了起来。

凯西问道："你是做什么的？"

这个问题让菲尔·赫尔穆斯陷入了两难，毕竟在当时，职业扑克牌手并不是什么光彩的职业。是撒谎？还是如实说出来？

犹豫过后，菲尔·赫尔穆斯还是选择了坦诚相告："我是一名职业扑克牌手。"

看来凯西是擅长表情管理的，听到菲尔·赫尔穆斯这么说，她的表情竟然没变。很久以后她才告诉菲尔·赫尔穆斯，当她听到他说他的职业的时候，差点就直接爽约了他们的第一次约会。因为菲尔·赫尔穆斯的职业给她的印象是："这家伙吸毒、酗酒，是一个强迫性的赌徒，一直睡到中午！"不过，在这些印象里，只有最后一条说对了，菲尔·赫尔穆斯真的喜欢睡到中午！

星期五晚上，菲尔·赫尔穆斯如约来到公寓接凯西，开着自己的凯迪拉克去了他最喜欢的白马酒店吃饭。在路上，凯西打开储物箱拿糖果的时候，看见了一个形状酷似大麻烟管的换胎机，立即质问他："你不是说过你不吸毒吗？"菲尔·赫尔穆斯连忙解释："你仔细看看，这只是个换胎机！"

到达餐厅后，一切总算变得顺利了。两个人相谈甚欢，菲尔·赫尔穆斯被凯西的才华和优雅深深折服。他无法自拔地爱上了她，但他并没有急于发展两个人的关系。他深知细水长流的道理，所以想与凯西培养长久的感情。

最后，菲尔·赫尔穆斯把凯西送回了家，他心里暗暗发誓，一定要珍惜这段感情，让它开花结果！

大战美洲杯

一周后，菲尔·赫尔穆斯去拉斯维加斯参加了 10 000 美元买入的美洲杯扑克锦标赛，这场比赛在拉斯维加斯世界酒店举行，主办者是鲍勃·斯图帕克。斯图帕克是一个疯狂的人，他热衷于和任何人玩扑克。他在扑克界的名气和道尔·布朗森一样大，是扑克界的巨人，直到 2009 年才去世。菲尔·赫尔穆斯非常敬重这位前辈，他在拉斯维加斯和斯图帕克玩了几十年的扑克，两个人是忘年交。

这次的美洲杯扑克锦标赛是菲尔·赫尔穆斯在赢得 WSOP 主赛事冠军后第一次回到拉斯维加斯，他与上一次来的时候已经完全不同了。现在，扑克界的每个人都知道他的名字，他顶着世界冠军的头衔，背负着无数人的期望。当然，他的压力也更大了。

这次的美洲杯很让菲尔·赫尔穆斯失望，因为参赛人数太少了，导致奖金也少得可怜，第一名奖金 80 000 美元，第二名奖金 40 000 美元，第三名奖金 20 000 美元。考虑到如此少的参赛人数，原定三天的比赛时间也被缩短为两天。

菲尔·赫尔穆斯几乎没有费什么力气就打到了剩下最后两人，他的对手是扑克名人堂成员罗杰·摩尔，此时的菲尔·赫尔穆斯保持着巨大的领先优势。两个人战斗了6小时，打得难解难分，最后，他拿着手牌没有♣的K-Q在8♣-7♣-K-♣-10♣-2♦的牌面上打了一个大底池，没想到罗杰的手牌击中了♣，赢下了这个大底池。这手牌的失利让菲尔·赫尔穆斯损失惨重，最终他输掉了这场比赛，只拿到了亚军。

筹码数量绝对领先却输掉了比赛，菲尔·赫尔穆斯感觉非常丢人，于是他第二天逃跑似的回家了。

未拿到的最佳全能选手奖

大约一个星期后的一天晚上，当菲尔·赫尔穆斯在公寓里休息时，凯西敲响了他的门。她的理由是："我在去按摩店的路上，看到你家的灯亮着，想着或许你回来了。"于是，两个人到游泳池游泳，又到户外约会。之后，两人又约会了两次，但关系始终没有进一步发展。菲尔·赫尔穆斯认为这种缓慢的恋爱节奏非常浪漫，正是他想要的。

在陷入爱河的同时，菲尔·赫尔穆斯还记得自己之前的一个人生目标：买一栋好房子。终于，在1898年夏天，他在房产经纪人的介绍下，花费18万美元全款买下了小海湾的一套公寓。"门多塔湖边的顶层公寓，有码头滑道，地下停车场，柚木地板，宽大的阳台，带步入式衣橱的巨大主卧套房，每个房间都面对着门多塔湖。"这简直就是他的梦中情房！

有了房子，菲尔·赫尔穆斯迫不及待地请他的母亲帮他布置了新家，家具、地毯、床都买了最好的，就连床垫都价值2000美元。当朋友质疑他花费如此高昂的价格买一个床垫的时候，菲尔·赫尔穆斯点点头说："没错，我每天都要睡10多个小时，可以说我花了40%的时间在这张床垫上，现在你们还觉得它贵吗？"

现在的菲尔·赫尔穆斯精神饱满，状态极佳，他参加了洛杉矶自行车俱乐部的钻石吉姆·布雷迪扑克锦标赛，并放出豪言："我将赢得今年钻石吉姆·布雷迪扑克锦标赛的最佳全能选手奖，没有人能阻挡我！"随后，这句话被自行车俱乐部引用在广告中，所有人都知道了菲尔·赫尔穆斯本次比赛的目标。

可惜的是，这次比赛的大部分项目都不是他擅长的。虽然他觉得自己打得很菜，但还是坚持了下去，并赢了一些钱。

在主赛中，菲尔·赫尔穆斯靠着高超的实力和运气进入了决赛桌，并打到了剩下最后三人。一想到自己是世界冠军，菲尔·赫尔穆斯顿时就充满了自信。再加上筹码数量领先，他更加得意，心想：这次的冠军非自己莫属！

最后的两个对手是奇普·里斯和鲍勃·维尔特里。菲尔·赫尔穆斯完全没有把这两个人放在眼里，这导致他在后面有一次巨大的失误。

菲尔·赫尔穆斯拿着A-7在庄位开池加注，小盲位的奇普跟注，大盲位的鲍勃也跟注。

翻牌发出了6-5-4，奇普过牌后，鲍勃加了一个大注。

按照当时的标准打法，菲尔·赫尔穆斯应该继续加注，给对手施加压力。但菲尔·赫尔穆斯没有这样做，而是跟注了。于是，奇普弃牌了。

转牌发出了一张 A，鲍勃又加了一个大注，菲尔·赫尔穆斯看到鲍勃这样做，直接把所有的筹码全下，鲍勃狡黠一笑跟注。

菲尔·赫尔穆斯亮出了自己的手牌，鲍勃看到牌后脸色就变了，他摇摇头说："哇，你真的让我感觉很糟糕。"菲尔·赫尔穆斯立刻意识到他手里应该拿着 7-6、7-5、7-4，或者是 8-6、8-5。

河牌发出了 7，鲍勃拿起了他的牌，高举着，以便让身后的观众都能看到。等牌放到桌子上，菲尔·赫尔穆斯才看清楚，鲍勃的底牌是 A-3，组成了顺子牌型，赢下了底池。

菲尔·赫尔穆斯愣在了原地，他没有大喊大叫，大概是已经气得说不出话来了。

又打了 2 小时，菲尔·赫尔穆斯又一次失误，最终输掉了所有的筹码，以第三名被淘汰。

看来话不能说得太满，

现在多尴尬，每个人都知道这个说要赢得最佳全能选手奖的菲尔·赫尔穆斯在输掉比赛后灰溜溜地逃跑了。

好在这次比赛他也不是完全没有收获，总共赢了12万美元。在离开洛杉矶之前，菲尔·赫尔穆斯买下了一个朋友刚好要卖掉的蓝色保时捷。

后来，在开这辆车的时候，菲尔·赫尔穆斯发现了一个规律：如果他开着保守的灰色凯迪拉克以每小时90英里的速度行驶，警察会放他走。然而，如果他开着这辆保时捷以每小时75英里的速度行驶，那么他每次都会得到一张罚单。因为开这辆车，他的驾照还被扣押过一次。来回几次后，菲尔·赫尔穆斯终于忍不住了，他就去问警察，为什么他们更喜欢给保时捷车主开罚单，结果警察告诉他，因为他们厌倦了从撞坏的跑车里拉出尸体！所以要在事故发生之前先警告一下这些开跑车的车主，开慢点，注意安全。背后的真相还是挺暖心的！

甜蜜的热恋时光

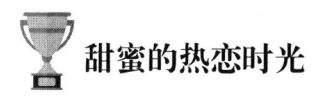

回到麦迪逊后,菲尔·赫尔穆斯和凯西的恋情也有了比较大的进展,两个人又约会了几次,还在码头浪漫的黄昏下接了吻。之后,两个人开始频繁地约会。凯西只要没有上课,就会出来找菲尔·赫尔穆斯约会。

凯西给菲尔·赫尔穆斯一种特别的感觉,就像磁铁的两极一样,两个人在触摸或拥抱的时候,能感受到彼此的吸引力,使对方陶醉其中。这种奇怪的感觉让菲尔·赫尔穆斯疑惑了很多年,这到底是为什么?是因为两个人生来就是相反的两极吗?恰好他们的出生日期相差整整6个月,冬天出生的凯西和夏天出生的菲尔·赫尔穆斯正好在一年的两端。总之,这实在太奇妙了!

两个人的性格也是完全互补的。比如,在学校学习的时候,菲尔·赫尔穆斯很少拿到等级A,而凯西经常拿到等级A;在行事风格上,凯西喜欢把一切都安排得井井有条,而菲尔·赫尔穆斯喜欢依照自己的内心行事;在生活态度上,菲尔·赫尔穆斯总是抱有很大的信心,对未来保持乐观,而凯西则不确定是否能一直这样顺利下去;个人爱好方面,凯西讨厌写作,菲尔·赫尔穆斯喜欢写作；脾气方面，凯西总是很有耐心，菲尔·赫尔穆斯总是很不耐烦；家境方面，凯西是独生女，菲尔·赫尔穆斯家里有五个孩子；情商方面，凯西有很高的情商，而菲尔·赫尔穆斯却难以和别人感同身受。总之，两个人的不同体现在人生的方方面面，但神奇的是，他们确实相爱了，就像被某种能量吸引一样聚在了一起。

其实，菲尔·赫尔穆斯和凯西还是有一些共同点的，比如两个人都重视家庭，都喜欢孩子，都自立自由，都有很强的原则性。还有，从中国的民俗文化来看，两个人都是属龙的，菲尔·赫尔穆斯听说两个属龙的人结婚会相处得很好，不过这件事是不是真的他就不知道了。

也是在这段时间，菲尔·赫尔穆斯带着凯西回家见了父母。对菲尔·赫尔穆斯来说，这是他第一次带女孩回家见父母，所以是一件非常郑重的事情。

事情进展得非常顺利。当凯西走进菲尔·赫尔穆斯父母的家里时，菲尔·赫尔穆斯的母亲很热情地接待了凯西。两个人都对艺术有着很高的见解，她们热火朝天地讨论着艺术和政治，仿佛是相识多年的朋友。

这次见父母的结果非常好，凯西走后，菲尔·赫尔穆斯的家人这样说："她非常适合我们的家庭。"而凯西也告诉菲尔·赫尔穆斯："当我那天走进你父母的家里时，我立刻感觉到这就是我为自己的未来所设想的那种家。"

凯西对菲尔·赫尔穆斯家的评价不仅仅来自对他家人的印象，她也很喜欢菲尔·赫尔穆斯的父母住的房子。这是一座古老的房子，就坐落在门多塔湖边，里面摆满了木制品、古董家具和艺术品，是一位教授的典型住所，每一处都散发着艺术与文化的气息，这让凯西深深着迷。

　　后来，菲尔·赫尔穆斯的父亲邀请凯西去看看后院。当他们四处闲逛时，父亲不经意地聊起凯西的学术背景："你在华盛顿大学的研究生院读书？非常好。你在哪里读的本科？……芝加哥大学！那真是太巧了，我就是芝加哥人。"说起大学的时候，父亲激动地搂住凯西的肩膀，给了她一个拥抱，这让凯西感受到自己非常受欢迎。

　　拜访完父母之后，两个人又回到了前面的恋爱节奏：凯西一边读研究生，一边每周至少抽出三天时间与菲尔·赫尔穆斯约会。这段时间是菲尔·赫尔穆斯难得的幸福时光之一，他可以经常见到所爱之人，向她倾诉自己的感情。

糟糕的扑克游戏

爱情算是稳定了下来，菲尔·赫尔穆斯开始思考自己的事业。截至1989年10月，他已成为WSOP冠军，并在门多塔湖边有一套漂亮的顶层公寓，有一辆凯迪拉克和一辆保时捷，还有一位美丽优秀的女友。可以说，他两年前制定的人生目标现在几乎全部实现了！唯一没有实现的便是写一本刊登在《纽约时报》的畅销书。此外，他立志成为有史以来最伟大的扑克牌手，但一个WSOP冠军肯定是不够的，他需要赢得更多的WSOP金手链和WPT冠军才行。

想到这里，菲尔·赫尔穆斯意识到自己还得努力打牌。于是，他邀请凯西一起去拉斯维加斯，在旅游的同时还可以打打扑克，向凯西展示一下自己的打牌技术。

于是，两个人在1989年11月17日星期四飞往拉斯维加斯。凯西只计划在那里待一个周末，但菲尔·赫尔穆斯要待在拉斯维加斯更长的时间，因为他想参加1989年11月22日史蒂夫·韦恩的幻影酒店盛大的开业典礼。当时，媒体广泛报道，史蒂夫需要在幻影酒店每天赚100万美元，以便在未来8年还清他的建筑贷款。实际上幻影酒店确实很好，所以他真的在 18 个月内还清了贷款！之后，菲尔·赫尔穆斯还计划飞往洛杉矶来一场扑克之旅，并在墨西哥西海岸的瓦亚尔塔港和马扎特兰停留一阵子。

到达拉斯维加斯之后，菲尔·赫尔穆斯和凯西在金子酒店租了一个很好的水疗套房，两人在拉斯维加斯度过了一个愉快的周末，不仅在当地餐厅品尝了特色美食，还观看了很多有趣的节目。

星期日晚上，菲尔·赫尔穆斯发现金子酒店的对面就是马蹄铁酒店，那里正在举办高风险的扑克游戏。牌瘾上来的菲尔·赫尔穆斯等到凯西睡着后，毫不犹豫地过去了。

这天晚上的菲尔·赫尔穆斯牌运很不好，一直在输。很多人都深有体会：当玩游戏一直输的时候，就会完全停不下来，然后越玩越输。

很明显，菲尔·赫尔穆斯已经陷入了这种困局，他明明知道凯西要在第二天早上 10:45 去赶飞机，他应该 8 点之前回到酒店房间陪凯西吃早饭，再把她送到机场，但他就是无法从牌桌前离开。

8 点早上，他输了 5000 美元，他想着赢一把就走；

8 点半，他又输了 1000 美元，他安慰自己时间还早；

9 点，他又输了 2000 美元，他告诉自己只是没时间吃早饭了而已；

9点半，他意识到这个时间凯西可能已经自己去机场了，但他依然没有从牌桌前离开。

就这样，他完全"抛弃"了深爱的女友，只为了玩几把扑克游戏！他感觉十分难过，心里暗自骂道："怎么就管不住自己呢！"

这场游戏一直持续到下午2点，菲尔·赫尔穆斯最终输了14 000美元。当他离开扑克室的时候，身心俱疲。冷风吹过，这时候他才清醒了一点："我到底在干什么啊！"

虽然满心懊悔，但该做的事还得去做。第二天晚上，菲尔·赫尔穆斯如愿参加了幻影酒店盛大的开业典礼，开业典礼持续了整整两天，菲尔·赫尔穆斯也很高兴去新开的扑克室打扑克，但是他输了，这让他感觉十分不爽。

不过没关系，他还有计划中的扑克之旅。于是，他又登上了游轮，在上面打扑克。上次在游轮上打扑克被坏人骗走很多钱的事情，一直让菲尔·赫尔穆斯耿耿于怀，他发誓这次一定要赢。但很不幸，他又开始输钱了。这次他认为不是坏人的问题，可能是对手太强了，比如扑克传奇人物奇普·里斯，还有中野亚夫、拉尔夫·路德、大卫·肖和其他一些经验丰富的游戏玩家，这些人都是强硬的对手！输给他们也没什么丢人的！

这边是高风险的扑克游戏，另一边则是西洋双陆棋游戏，恰巧菲尔·赫尔穆斯在麦迪逊的老朋友汤米·凯斯勒也在其中，这个人是玩西洋双陆棋的高手。菲尔·赫尔穆斯想挑战他一下，于是在游戏过程中他不停地攻击汤米。

最后的结果令人哭笑不得：菲尔·赫尔穆斯在扑克上输了 50 000 美元，反而在西洋双陆棋上赢了 47 000 美元。菲尔·赫尔穆斯都不知道自己是该高兴还是该难过。

在航行中，菲尔·赫尔穆斯对凯西念念不忘，生怕她还在生自己的气。他在船上给凯西打了两三通电话，但都没有打通，倒不是因为凯西拒绝接电话，而是因为对方没有应答。

迈向婚姻

1989年12月2日上午，游艇驶入了洛杉矶的港口。在前往机场的路上，菲尔·赫尔穆斯发现路边有付费电话亭，他赶忙让正在开车的汤米停车，冲过去给凯西打了个电话，好在这次终于接通了。菲尔·赫尔穆斯真诚地向凯西道了歉，凯西也大度地原谅了他，并表示会去机场接他回家，给他做一顿丰盛的晚餐，这让菲尔·赫尔穆斯感动得热泪盈眶。

在菲尔·赫尔穆斯家，凯西为他制作了美味的晚餐。此时的菲尔·赫尔穆斯满眼都是凯西，他郑重地告诉凯西，他想给凯西一个承诺：一辈子都对她好。凯西也用相同的承诺回应了他，他们终于打开了前几天在拉斯维加斯留下的心结，两个人都十分高兴。

几十年以来，菲尔·赫尔穆斯和凯西经常谈论那个夜晚。在那之后，两个人度过了快乐的一周，随后菲尔·赫尔穆斯在12月12日又飞到了拉斯维加斯，参加在马蹄铁酒店举行的名人堂扑克锦标赛。

当菲尔·赫尔穆斯在拉斯维加斯玩扑克时，凯西回到麦迪逊学习考试，她身上发生了一些奇怪的事情。突然间，没有任何明显的原因，但她感觉自己就是不想喝咖啡！凯西想知道为什么会这样，尤其是当她为严格的医学院考试而通宵学习的时候，想喝一杯咖啡却喝不下去，她感觉很难受。

与此同时，菲尔·赫尔穆斯在扑克桌上又一次失败了！刚到拉斯维加斯的第一天，他就输光了自己带来的所有的钱。第二天，他不得不找名人堂的玩家帕吉·皮尔森借了20 000美元，然后又在七张牌扑克游戏中输光了。到了这种程度，按理说他应该及时撤退，避免损失更多的钱，但菲尔·赫尔穆斯就是不信这个邪，他干脆把除去留着纳税的所有钱都让人汇了过来，大概是90 000美元。不出意外的是，旅行结束时，他又成了一个身无分文的穷光蛋。

沮丧之余，菲尔·赫尔穆斯更多的是震惊，他突然觉得自己真的很蠢。他不是世界冠军吗？他不是扑克巨星吗？怎么能在这里输得一无所有呢？他有冠军的头衔，有漂亮的顶层公寓，有蓝色的保时捷，有漂亮的灰色老式凯迪拉克，奖杯盒里有奖杯。在短短的两年里，从白手起家到大富，从大学辍学到成为世界冠军，从自卑到获得巨大的成功。可是直到今天，他才发现自己这些年竟毫无进步，不论是在金钱管理上，还是自我成长上。

事情已经这样了，他只好用"旧的不去新的不来"

这句话来安慰自己了。

12月22日,当菲尔·赫尔穆斯回到家时,他打电话给凯西,凯西告诉菲尔·赫尔穆斯自己喝不了咖啡了,她的饮食习惯突然发生了巨大的改变,原本不爱吃的食物现在吃得津津有味。

果然,两天后,凯西打电话过来告诉菲尔·赫尔穆斯,她怀孕了。菲尔·赫尔穆斯听到这个消息十分激动,他当即跳上车,直接前往70英里外凯西的母亲家去看凯西。

刚进凯西母亲家的大门,菲尔·赫尔穆斯就向凯西求婚。但凯西并没有马上答应他。菲尔·赫尔穆斯心里开始忐忑起来:"难道她不想嫁给我吗?也许凯西认为我自负(但忠诚)、自大(但诚实)、以自我为中心(但有爱)、不稳定(但很有原则)。"

很久以后,凯西才告诉菲尔·赫尔穆斯,当他这么快冲到她母亲家时,她认为菲尔·赫尔穆斯就是她的"身穿闪亮盔甲的骑士"!

毫无疑问,凯西深爱着菲尔·赫尔穆斯,也确实认为他很有潜力,是一颗亮闪闪的钻石。但他现在还不是完美的钻石,还需要被锤炼。

菲尔·赫尔穆斯也相信，凯西最终一定会和他结婚，但现在他们已经有孩子了，必须快点结婚才行。两个人商量之后，一致认为应该提前举办婚礼。

与此同时，菲尔·赫尔穆斯的弟弟戴夫正计划在圣诞节前夜在菲尔·赫尔穆斯的住处举办一个订婚派对。他会在晚上8点向与之相恋很久的女友求婚，凯西和菲尔·赫尔穆斯也会和他们一起庆祝到深夜。

如果趁那个时候，菲尔·赫尔穆斯和凯西的订婚仪式也一起举办了，那么他们就可以直接在现场得到戴夫的祝福。这将是一个双重订婚派对！

圣诞节前夜，派对准时在菲尔·赫尔穆斯的公寓里举办。菲尔·赫尔穆斯、凯西、戴夫、戴夫的女友以及他们的朋友，一大群年轻人聚在一起庆祝新的一年。

前几天，菲尔·赫尔穆斯和凯西去太浩湖参加扑克锦标赛，赢了12 000美元现金，他顺手藏在了公寓的某个地方。他一开始想把钱藏得隐蔽一点，但想到这样做也太缺乏对朋友的信任了，毕竟来的每个人他都认识，于是他把钱随便丢进了卧室的衣橱里。

很不幸，派对结束后，菲尔·赫尔穆斯发现那 12 000 美元不见了！这让菲尔·赫尔穆斯得到了一个重要的教训：绝对不要试探人性，人是禁不住诱惑的，哪怕是你的朋友！可是这种事也不好一个一个去问，所以最后只能不了了之，算是花钱买了个教训吧！

菲尔·赫尔穆斯突然想起一件陈年往事：上中学的时候，他还是个不良少年，有一次他偷了一条价值 1200 美元的项链。今天正好丢了 12 000 美元，这就是菲尔·赫尔穆斯假设的赌徒 1∶10 定律吗？菲尔·赫尔穆斯曾经这样来理解这个定律：当你第一次玩这些游戏时，如果你通过玩机会游戏（如掷骰子、21 点、老虎机等）赢了钱，那么你将来可能会失去你最初赢过的 10 倍。

这个时候，菲尔·赫尔穆斯的经济条件并不好。半个月前，他在拉斯维加斯输光了所有的存款，好不容易赢了 12 000 美元，结果还被偷了。他心里那个气啊，气得晚上都睡不着觉，关键是那些"损友们"还拿这件事嘲笑了他好几个月："哈哈，让你显摆，看看被贼盯上了吧！"

举办婚礼和蜜月旅行

1990年初,菲尔·赫尔穆斯开始和凯西商量婚礼的事情。在讨论的过程中,他们提及了一个古老的习俗:"猎枪婚礼",就是如果女方怀孕了,那么在婚礼上,女方走在过道的时候,她的父亲就会拿着猎枪瞄准新郎,防止他跑掉。玩笑归玩笑,能在孩子生下来之前办完婚礼显然更好,至少不会承受很大的宗教压力。因为他们所在的地区天主教氛围十分浓重,婚前就生下孩子容易被宗教人士说教。更何况菲尔·赫尔穆斯的祖母艾格尼丝·斯莱特里是一个虔诚的天主教徒,家里的每个人都不敢告诉她凯西怀孕了。

婚礼是一定要举办的,祖母也一定是会被邀请的,所以不可能一直瞒着她。终于,菲尔·赫尔穆斯鼓起勇气告诉了祖母凯西怀孕的事情,说完之后,他和在场的兄弟姐妹都屏着呼吸,迎接即将到来的漫长的说教,比如"你要遵守天主教的教义""你在结婚前不应该发生性行为",等等。

好在祖母今天并不想让大家扫兴,她只是说:"我很高兴你没有采取节育措施!"她这么一说,在场的晚辈都感到很开心。"不提倡节育"也是天主教的教义，她刻意忽视了一条对菲尔·赫尔穆斯不利的教义，而援引了一条对他有利的教义，只是为了不让自己的孙子因此被责备。

在这种令人感动的场合，菲尔·赫尔穆斯强忍着没有说出真相："其实我们采取了两种节育措施，只不过都失败了。"

考虑到两个人虽然都是天主教徒，但并不完全信仰某个教派，于是菲尔·赫尔穆斯和凯西一合计，决定自己来主持婚礼而不是邀请宗教人士。最终他们选取了凯西父母结婚的教堂，在1990年3月31日星期六举办婚礼。由于两个人都不喜欢繁文缛节，所以他们决定让婚礼尽量简短一些，只用一首歌作为背景音乐。一开始，菲尔·赫尔穆斯选取了自己最喜欢的汤姆·佩蒂的《自由堕落》，凯西同意了……直到一个月后，她仔细听了这首歌，发现其中有关于"坏男孩"的歌词。所以他们又选择了鲍比·布朗的《每一小步》，最终这首歌被"录用"了。

因为要举行一个盛大的婚礼仪式，而且大多数客人都是菲尔·赫尔穆斯的朋友和家人，所以菲尔·赫尔穆斯问凯西的母亲玛格丽特，他是否可以承担婚礼的费用。按照传统习俗，新娘的家人承担婚礼费用，新郎的家人承担婚宴费用，但菲尔·赫尔穆斯坚持自己承担所有的费用。

婚礼那天,小雨淅淅沥沥地下着,菲尔·赫尔穆斯的保时捷也装扮上了彩带和结婚标志。一开始菲尔·赫尔穆斯对这种天气不太满意,他更希望有阳光出来,但听到朋友们告诉他,婚礼当天下雨新人会变得富有的时候,菲尔·赫尔穆斯开始祈祷这场雨赶紧下大一点,最好是倾盆大雨!

仪式开始20分钟后,背景音乐恰到好处地响了起来,作为婚礼的结尾曲。虽然菲尔·赫尔穆斯的朋友加里·米勒不小心把声音调得太高了,导致整个人群都跟着舞动起来,但菲尔·赫尔穆斯很享受这种感觉,毕竟是人生唯一的一次婚礼,声音大才喜庆。

婚宴的时间到了,菲尔·赫尔穆斯开着他的蓝色保时捷,载着凯西狂奔到酒店,他想,这一定是他一生中唯一一次开车疯狂超速而不会被拦下的时刻,因为车上贴着他结婚的标志!在婚宴上,大家载歌载舞,一直庆祝到午夜。

第二天,菲尔·赫尔穆斯和凯西去夏威夷度为期两周的蜜月。黄昏时分,在毛伊岛着陆后,菲尔·赫尔穆斯没有按照计划行动,而是租了一架小型螺旋桨飞机,带着凯西穿过岛屿到达哈纳,避开了悬崖上的危险道路。因为那条90分钟车程的路十分危险,至今还流传着很多关于那条路的恐怖传说。菲尔·赫尔穆斯对自己所做的这个决定非常满意，因为他保护了自己的爱人，远离了危险！

随后，两人在哈纳毛伊度假村酒店入住，在去房间的路上，他们发现了一只可爱的花猫，这只猫看起来温顺又不怕人，他们两个人都很喜欢它。当菲尔·赫尔穆斯抱起这只猫的时候，发现它怀孕了！但凯西很快想起来，自己作为孕妇是不能养猫的，因为猫的粪便里会有弓形虫，如果自己被感染了，就会导致腹中的孩子有先天缺陷。所以，虽然他们很喜欢这只猫，但现在必须放弃收养它的想法！

但是猫却不懂他们的想法，它一直跟着他们走了150米，直到两个人进入房间。菲尔·赫尔穆斯从来没有听说过一只猫会跟踪人类150米，因为猫是独居动物，它并不会把人类当成同伴。最后，菲尔·赫尔穆斯和凯西只好把猫拦在门外，从别处买来牛奶给它喝。

这是一个不平静的夜晚，外面狂风大作，几十年不遇的暴风雨在整个小岛上肆虐，酒店的木屋在风雨中摇摇欲坠，菲尔·赫尔穆斯和凯西十分紧张，生怕屋顶被掀开。

凯西从睡梦中惊醒，她大叫了起来："床上有什么东西！"菲尔·赫尔穆斯也被惊醒了，他赶忙一看，原来是那只怀孕的猫。菲尔·赫尔穆斯仔细检查了房间，始终不知道那只猫是从哪里钻进来的。但凯西坚持说现在真的不适合养猫,无奈之下,菲尔·赫尔穆斯只能再次把猫拦在了门外,并让酒店老板买一些奶油来喂它。

五天后,菲尔·赫尔穆斯骑马去旅行,计划在海滩与凯西见面,参加酒店举办的豪华宴会(一种传统的夏威夷宴会及其娱乐活动)。凯西迟到了2小时,当她终于出现时,身上微微发抖。

菲尔·赫尔穆斯注意到了凯西不对劲,赶忙问她发生了什么事,凯西告诉他,这只猫又出现在了他们的床上,试图生孩子!凯西看到那只猫在拼命挣扎,于是她找来了一名兽医。兽医告诉凯西,如果这只猫不能完成分娩的过程,它就会死。最后在兽医的指导下,凯西帮助这只猫完成了分娩,一共生下四只小猫,现在这只猫还在他们的房间休息,酒店的工作人员已经把血淋淋的床单被罩换掉了。

很明显,这只猫注定与他们有缘。最后,菲尔·赫尔穆斯和凯西在当地兽医那里登记了母猫和小猫,并在蜜月结束后把它们一家带回了公寓。他们给母猫取名为卡凯尤,后来这只猫成了菲尔·赫尔穆斯和凯西家庭里的重要一员。在小猫长大一些后,除了一只黑色的小公猫,其他三只小猫都被其他家庭收养了。

家庭的力量

对菲尔·赫尔穆斯来说，虽然打扑克是他热爱的事业，但和家庭相比，还是自己的家人更重要，他发誓自己一定要目睹孩子的降生，绝不会因为打扑克把家人扔在一边。不过，他突然想起来，如果要陪凯西生孩子，那么他就有可能错过1990年8月30日自行车俱乐部举办的扑克锦标赛了。这个扑克锦标赛在全美的含金量很高，而且菲尔·赫尔穆斯在之前参加的两次比赛中都获得了不错的成绩，拿到了1988年的冠军和1989年的亚军，所以他真的不想错过这场比赛。更何况，凯西的预产期是8月19日，自行车俱乐部扑克锦标赛主赛事定于8月30日举行，不出意外的话，他完全可以赶得上。

在思考良久之后，菲尔·赫尔穆斯决定：他29日飞往洛杉矶，30日参加自行车俱乐部扑克锦标赛主赛事，只要比赛出了结果，无论是输是赢，他都会马上回家。如果很不巧，凯西正好在比赛当天分娩，那么他就乘坐私人飞机去比赛，这样就可以在凯西分娩8小时之内赶回来。

很明显，凯西对菲尔·赫尔穆斯的计划并不满意，她不能容忍一个男人为了扑克比赛而不顾老婆孩子！对于凯西的怒火，菲尔·赫尔穆斯连连保证：自己只是随口一说，绝对不会抛下家人去打扑克比赛的！实际上他也确实做到了。看来在某些方面，菲尔·赫尔穆斯还是有点成熟男人的样子的，比如很有责任心。

1990年9月7日，比预产期晚了两周半多，经过24小时的艰苦努力，凯西和菲尔·赫尔穆斯迎来了一个健康的儿子。他们决定给儿子取名为菲利普·杰罗姆·赫尔穆斯三世。儿子出生的这一天，菲尔·赫尔穆斯和凯西欢呼了起来。但随着时间的流逝，菲尔·赫尔穆斯发现自己变了。

之后，他开始频繁外出旅行，回到家就忙着打游戏和打扑克，根本不管凯西和儿子，也不主动照顾家人，而这种行为持续了整整10个月。

对于自己的这些变化，菲尔·赫尔穆斯给自己找的理由也很简单粗暴：一切变得太快了，短短四年的时间里，他从无名小卒变成了世界冠军，从穷小子变成了有车有房有妻子有孩子的成功人士，这让他一下子适应不了。

当儿子10个月的时候，菲尔·赫尔穆斯终于回归了家庭，他开始亲自带孩子，和孩子说话，哪怕他不确定孩子能不能听懂。每次带着孩子出门之前，他都会对孩子说接下来要做的事情，比如："菲利普，首先我们去帕尼尼家买食物，然后去银行取钱，然后去邮局，然后我把你和保姆送回家。"菲尔·赫尔穆斯试图把自己童年时缺乏的东西补偿给自己的儿子，他小时候喜欢的衣服、玩具和零食，他都会买给儿子。

1991年5月的WSOP对菲尔·赫尔穆斯来说并没有发生什么特别的事情。在17场公开的比赛中，菲尔·赫尔穆斯基本上没有拿得出手的成绩，不过他也不在意。

1991年10月，菲尔·赫尔穆斯回到拉斯维加斯的马蹄铁酒店玩名人堂扑克经典赛。这次，他终于成功了！他一周内在四场决赛中打出了名次，并且赢得了他第一个进入扑克名人堂的名额！在所有扑克名人堂比赛中，他的成绩如下：10月26日，在1500美元的低牌比赛中获得第三名；10月27日，在2500美元的无限注最低限额七张牌低牌比赛中获得第四名；10月30日，击败了134名选手，赢得了主赛事冠军，奖金是80 400美元；

11月4日，在2500美元的奥马哈比赛中获得第四名。扑克名人堂的冠军手表仅次于WSOP金手链。现在，菲尔·赫尔穆斯的包里终于也有一个了！

1992年3月，菲尔·赫尔穆斯吸取了一次大的教训。当时他一直在威斯康星州的麦迪逊玩有限注扑克游戏，等到凌晨2点，他已经赢了3500美元，此时桌上除了他，还有两名玩家。这时候是最应该回家的：夜深了，也赢了，已经没有必要再逗留。但菲尔·赫尔穆斯此时又被自己的贪心打败了："还记得吗？你刚才一把输了2600美元，反正都要走了，不如把这些钱赢回来再说，也就是再玩一把的事。而且，这两个人还有筹码，都赢回来吧！"此时大艾尔·爱默生还有4200美元，马特·库尼也有3800美元。

于是他接着玩了下去，然后，在12小时之后的下午2点，菲尔·赫尔穆斯带着输了17 400美元的屈辱战绩，气愤地摔桌而去。那天晚上，令菲尔·赫尔穆斯印象最深刻的一幕是：他试图诈唬大艾尔，结果大艾尔的牌竟凑出了四个9。真是令人悲伤的故事！

虽然当时的菲尔·赫尔穆斯拥有15万美元的存款，但他还是咽不下这口气，不仅仅是因为输了这么多钱，更重要的是，他打破了自己在麦迪逊输钱的纪录！以前，从来没有人在麦迪逊一天之内输掉10 000美元，而菲尔·赫尔穆斯是第一个！他生气地捶着自己的头，心情糟透了。他一个堂堂的世界冠军，居然在这个小地方输了那么多钱，说出去他还怎么混啊！而且，这里还是他的家乡，这样一来根本没有颜面见父老乡亲和儿时玩伴了！

　　这样的懊恼情绪持续了很久，菲尔·赫尔穆斯每每想起这件事就痛苦不已，他痛苦到几乎无法呼吸。不过，话说回来，菲尔·赫尔穆斯比任何人都珍爱自己的生命，不至于因为输了一次就寻死觅活的。但他的心情真的是十分地差，他都不知道自己是怎么开了25分钟的车回家的。

　　打开家门的时候，他依然苦着一张脸，就在这时，他的儿子菲利普跑到他的跟前，喊了一声："爸爸！"菲尔·赫尔穆斯感觉自己所有的痛苦和消极情绪一下子都烟消云散了。他紧紧抱着菲利普，心中只有一句话："啊，我真幸运，有这么健康可爱的儿子！"他拥抱了儿子整整10秒钟，不好的感受都消失了，取而代之的是感激和正能量。就好像他突然醒来，清楚地看到了所有的美好：爱、家庭、世界扑克锦标赛冠军、漂亮的顶层公寓、豪华的汽车，还有更多。菲尔·赫尔穆斯对这个迅速的转变感到震惊和惊喜。儿子的一个拥抱和家庭的力量，立刻战胜了他一生中最糟糕的情绪！

随后，菲尔·赫尔穆斯休息了两天，便应大艾尔的邀请，开车去找他打扑克。神奇的是，菲尔·赫尔穆斯的运气突然变好了，他这次赢了14 000美元！

很多事情就是这么奇妙，当你越想赢的时候，就输得越厉害，而当你放下胜负心的时候，你反而开始赢了。菲尔·赫尔穆斯感觉从这次的经历中学到了很多：第一，他不应该在输牌之后那么沮丧，这样只会让糟糕的心情变得更差；第二，他真切地感受到了来自家庭的力量，对妻子和儿子的爱，就是他坚持笑对人生最强大的动力。只要有家人在，就永远不会太糟糕！

第六章 起起落落的 90 年代

1992年WSOP胜利之旅

距离菲尔·赫尔穆斯取得优异成绩的名人堂扑克经典赛已经过去了7个月，这次比赛的胜利给了他极大的信心，这种信心一直延续到1992年4月底的WSOP。而在这一年的WSOP中，菲尔·赫尔穆斯认为自己表现得不错，不仅在19场公开赛中打进了5场比赛的决赛桌，还在其中一场比赛中赢得了冠军，得到了他的第2条金手链。

1992年的WSOP开始于4月26日，在1500美元买入的无限注扑克锦标赛的决赛中，菲尔·赫尔穆斯以微弱的筹码优势进入了决赛桌。可惜他在关键的一局中低估了对手，本来他的两个小对牌型是比对手的AA底牌大的，但最后河牌发出了一张A，导致他仅一局就输掉了50个大盲注筹码，最终只得了第九名。他为自己犯下的低级错误感到愤怒！

5月1日，菲尔·赫尔穆斯在5000美元无限注七张牌低牌抽签比赛中取得了第四名的成绩。5月3日，菲尔·赫尔穆斯又参加了有168名选手参赛的2500美元有限注扑克锦标赛，在这里，他遇到了熟悉的对手——埃里克·塞德尔!

埃里克在 1988 年的自行车俱乐部扑克锦标赛预赛中击败了菲尔·赫尔穆斯，但两天后，菲尔·赫尔穆斯以惊人的战绩又赢得了主赛事冠军。1988 年 9 月，也就是比赛结束一周后，《扑克玩家》杂志称陈强尼、埃里克·塞德尔和菲尔·赫尔穆斯是扑克界的"扑克小子三巨头"。对于那次在预赛中被埃里克打败的事情，菲尔·赫尔穆斯一直耿耿于怀，他认为埃里克只是运气比较好罢了，之前，他赢了埃里克好几局呢，他觉得埃里克也就那么一回事，还没有强到令他害怕。

这次两人又遇到了，真是冤家路窄。菲尔·赫尔穆斯发誓要一雪前耻，打败埃里克，拿下这个冠军！他在心里设想了好几个打败埃里克的场景，用实力将其碾压，让他后悔小看自己……然而，经过几小时的鏖战之后，菲尔·赫尔穆斯又输了！

打不过就加入，菲尔·赫尔穆斯的态度直接来了个两极反转，他夸赞埃里克是个伟大的牌手，输给他一点也不丢人。后来，埃里克·塞得尔也没有辜负菲尔·赫尔穆斯的夸赞，一共拿到了9条WSOP金手链。

又过了三天，菲尔·赫尔穆斯参加了2500美元买入的有限注扑克锦标赛，并在134名选手中赢得了第八名。随后，5月9日，他继续参加了5000美元买入的有限注扑克锦标赛，并再次打进了决赛桌。

菲尔·赫尔穆斯参加这场比赛有点偶然。5月9日中午，哈克·塞德打电话给菲尔·赫尔穆斯，问他有没有在打比赛。当时，菲尔·赫尔穆斯正在马蹄铁酒店的房间里睡觉。他感觉非常困，眼睛都快睁不开了，他说："不，我不去，我困死了，我今天要睡觉！"哈克一听他这样说就急了，朝他喊道："你疯了吗？你知不知道你现在有多火，很多人都等着看你呢，你赶紧出来玩！"菲尔·赫尔穆斯一想还真是这样，他现在已经是扑克界的巨星了，大家都在关注着他。想到这里，他爬了起来，并和另外83人报名了这场5000美元买入的有限注扑克锦标赛。

菲尔·赫尔穆斯非常想让家人看到自己成功的时刻，于是早在5月7日，他就邀请了父母和妻子凯西前来拉斯维加斯。他希望家人们能够带给他更强大的精神力量，陪他拿下WSOP金手链！

在过去的10天里，菲尔·赫尔穆斯已经进入了四场比赛的决赛桌，但也仅仅止步于此，这是他第五次进入决赛桌，而且母亲正在台下看着他。菲尔·赫尔穆斯下决心，一定要在这场比赛中全力以赴，让母亲因他而骄傲！

　　结果，菲尔·赫尔穆斯真的赢了这场比赛，他拿到了职业生涯中的第 2 条 WSOP 金手链和 168 000 美元的奖金！他的母亲也喜极而泣，冲上来紧紧与他拥抱在了一起。那一刻，菲尔·赫尔穆斯觉得自己是世界上最幸福的人！

1993年WSOP大获全胜

就在菲尔·赫尔穆斯的扑克事业走上坡路的时候，他的家庭也在向更好的方向发展。1992年10月，凯西又怀孕了！菲尔·赫尔穆斯不停地感慨自己是多么的幸运，他和妻子都很喜欢孩子，如今家里即将有新的孩子诞生，真是令人振奋！

凯西怀孕没多久，菲尔·赫尔穆斯就参加了1992年包括名人堂扑克经典赛（10月27日至11月12日）在内的15场比赛，不过菲尔·赫尔穆斯并没有在这些比赛中取得什么大的成就。直到1993年WSOP的到来，所有人才发现，原来菲尔·赫尔穆斯能做得这么好！就连他自己都不敢相信，他居然能在1993年WSOP上赢得3条金手链！

比赛开始于1993年4月26日，菲尔·赫尔穆斯一马当先，从284名选手中脱颖而出，赢得了1500美元买入的无限注扑克锦标赛冠军，收获了金手链和161 400美元的奖金。这场比赛他赢得毫无悬念，他的状态、运气、时机都非常完美，可谓占尽了天时地利人和。在这场比赛中，菲尔·赫尔穆斯也在一些对局中冒着比较大的风险做决策，好在都赢了。勇气，就是扑克牌手的最后一张底牌！

4月30日，菲尔·赫尔穆斯参加了5000美元买入的最低限额七张牌抽签比赛。他的对手曾经是（现在仍然是）世界上最好的低牌选手：比利·巴克斯特。尽管如此，菲尔·赫尔穆斯也毫不畏惧，他心里明白，自己越害怕，就越容易给对手机会击败自己。在最后一局里，菲尔·赫尔穆斯已经取得了优势，剩下的牌中有25张牌可以让他赢，而只有17张牌可以让对手赢。可惜，这次对手的运气更好一些，最后发出来的牌让对手赢了，他只拿到了亚军和72 500美元的奖金。

虽然输了，但菲尔·赫尔穆斯并没有感到沮丧：一方面对手确实很强大，另一方面自己今天已经赢了1条金手链，一个人在一天之内赢2条金手链虽然看上去很风光，但如果运气好到超出了常理，以后是不是会有更大的概率被反噬呢？所以在菲尔·赫尔穆斯看来，这场比赛没赢反而是一件好事，不会过多地消耗他的运气。至于这场比赛，输了就输了，不会对他的职业生涯产生很大的影响。

一周后的5月7日，菲尔·赫尔穆斯带着良好的心态在2500美元买入的无限注扑克锦标赛中又赢得了冠军，拿到了1993年第2条、职业生涯第4条金手链。在这场比赛中，他击败了173名选手。而且，菲尔·赫尔穆斯发现自己的观察力已经非常敏锐了,他可以直接看出对手的动作,并正确判断形势,最后赢下了比赛。

这场比赛的细节是这样的:

一开始,菲尔·赫尔穆斯失手丢了一个大底池,这让他的容错率降到了非常低的程度,也间接激发了他的潜力。随后,他注意到,左边的玩家要弃牌的时候,通常会先加注半个底池的筹码。于是,他决定好好利用对手的这个破绽!

翻牌发出了A-9-8,菲尔·赫尔穆斯的手牌是7-5。他选择过牌,他左边的玩家加注了,桌上其他人都弃牌了。菲尔·赫尔穆斯一点也不紧张,因为这样的手牌可以让他毫无压力地弃牌,于是他跟注,想看看这个人要干什么。结果,这个人在思考了几分钟后,把相当于底池一半的筹码全扔进了底池！菲尔·赫尔穆斯一看内心狂喜，这个人铁定是没拿到好牌，准备弃牌了！于是他信心满满，对方果然想也没想就弃牌了！

之后，菲尔·赫尔穆斯故技重施，又赢了这个人很多筹码。

最后一把，这个人开池加注，菲尔·赫尔穆斯用手牌 A♠-8♠ 跟注。翻牌发出了 A♥-J♠-2♠，菲尔·赫尔穆斯不仅击中了顶对，还有了同花的听牌，这是一个很棒的开局！菲尔·赫尔穆斯过牌后，这个人加注，但是他加的并不是底池的一半。菲尔·赫尔穆斯心想：看来他的牌也不错，而且他想继续和我打下去，但很明显，我的牌比他的好，所以我赢他的概率很大。

想到这里，菲尔·赫尔穆斯果断加注，果然这个人把所有的筹码全下了，菲尔·赫尔穆斯跟注。对方亮出底牌，是 A♣-6♦。最后的结果没有出现反转，菲尔·赫尔穆斯拿下了这个底池，并赢得了属于冠军的 17 300 美元的奖金和金手链！

他的父母全程观看了这场比赛，对菲尔·赫尔穆斯来说，能在父母面前获得巨大成就，是一件无比幸福的事情！而这时已经是凌晨 4 点半，怀孕 7 个月的凯西已经早早上床睡觉了，想到凯西这么注意自己的身体，菲尔·赫尔穆斯也感到很高兴！

这次不同寻常的胜利让菲尔·赫尔穆斯整个人都精神了起来，虽然现在已经是后半夜了，但他根本睡不着。于是他出去跑步，一直跑到早上5点半。这让他想起了1988年参加的自行车俱乐部扑克锦标赛，那次他输给了埃里克·塞得尔，同样也在社区里跑步。不同的是，这次他赢得了冠军，创造了一个奇迹！用他的话来说，如果太兴奋的话，跑步可以让他强制"关机"。

结束凌晨的比赛之后，还没休息多久，菲尔·赫尔穆斯又报名了5000美元买入的有限注扑克比赛。可惜他太困了，竟然迟到了2小时，当他下午2点到达比赛现场的时候，整个人都精疲力尽的，好在他白天补充了睡眠，不至于在牌桌上睡着。

事实证明，白天的补觉是很有效的。菲尔·赫尔穆斯的思路非常清晰，很快他的筹码就领先了，并且不费吹灰之力就打进了决赛桌。

其中有一局，菲尔·赫尔穆斯用惊险的一手牌赢了杰克·凯勒。当时，坐在小盲位的菲尔·赫尔穆斯想着用5-3的手牌跟庄位的加注，试图拿下庄位只剩下三个盲注筹码的约翰·赛尔努图。

当约翰加注到两个大盲的时候，菲尔·赫尔穆斯跟注了，坐在大盲位的凯勒又加注到了三个大盲。

约翰再次加注到三个半大盲，已经下了两个盲注的菲尔·赫尔穆斯很好跟这个注，于是他紧接着跟注了，凯勒又把筹码加到了四个半大盲。菲尔·赫尔穆斯叹了口气，但还是选择了跟注。

当翻牌发出7-3-3的低牌时，菲尔·赫尔穆斯乐了，他心里想：凯勒下了这么多筹码，该不会是拿了两个7吧！看到这样的翻牌，凯勒弃牌了，约翰以第四名被淘汰，而本来在第三名的唐·威廉姆斯因为凯勒输了大量的筹码而上升到了第二名。唐·威廉姆斯对菲尔·赫尔穆斯笑了笑说："谢谢你！"他不费吹灰之力就上升了名次，心里很高兴，毕竟第三名的奖金只有24 150美元，而第二名的奖金至少有79 350美元！

又打了大约四手牌之后，菲尔·赫尔穆斯拿到了A-A的手牌，并赢下了那一把，再次拿下了冠军和金手链。这已经是他在1993年WSOP赢得的第3条金手链了，而且还是他第一次在同一天赢得2条金手链！"原来，前几天没有实现的一天赢得2条金手链的愿望，今天终于实现了！"菲尔·赫尔穆斯暗自想着，心里乐开了花。

更令他开心的是，在他拿到金手链的这五场比赛中，每一场都有父母或其中一人在场，父母给了菲尔·赫尔穆斯力量和勇气，让他保持了比平常更好的状态。

但这个时候，一个大问题压在了菲尔·赫尔穆斯的

身上：他一直以来都容易在成功面前变得手足无措，这次也不例外。面对成功，菲尔·赫尔穆斯总是不知道如何应对。大概是他以前过于自卑，已经习惯了失败，导致他不能很快适应成功。因此，在1993年WSOP主赛事中，菲尔·赫尔穆斯的状态一落千丈，也没有取得好的名次。除了过于紧张，菲尔·赫尔穆斯认为，自己在前几天的比赛中消耗了太多的精力导致他打主赛事的时候过于疲惫，而且他一边打着比赛，一边担心万一自己真的在一年中拿了4条WSOP金手链该怎么办，这些都让他的状态进一步变差。

总之，菲尔·赫尔穆斯输掉了主赛事。一开始他很生气，觉得自己没有打好，但转念一想，自己在这次比赛中拿了三个冠军和50多万美元的奖金，他又变得开心起来！

平平淡淡的岁月

自1993年大爆发之后，菲尔·赫尔穆斯开启了长达几年的平淡岁月，这几年里，他再也没有取得过大的比赛成就，而是把更多的精力投入到家庭中。可爱的儿子、怀孕的妻子、5条WSOP金手链、一大堆现金、宽敞的公寓，等等，他所拥有的一切已经让他足够幸福，放慢脚步，欣赏人生的美景，也是一种惬意！

1993年7月11日下午2点，菲尔·赫尔穆斯紧急将凯西送入医院分娩。4小时后，他们有了第二个儿子，菲尔·赫尔穆斯为他起名为尼古拉斯·赫尔穆斯。

菲尔·赫尔穆斯记得，当初凯西生菲利普的时候花了24小时，而生尼克（尼古拉斯的小名）只用了4小时。两个孩子出生的时候就表现出了不同的性格特征，长大一些后，菲尔·赫尔穆斯发现他们确实在很多地方都不一样，甚至有些地方是完全相反的：菲利普需要被一直关注，只要有几分钟没人照看，他就会大哭大闹，而尼克则可以安安静静地自己躺1小时；菲利普在晚上睡觉的时候容易醒来，尼克则整晚不醒；菲利普的眼睛是绿色的，而尼克的眼睛是棕色的；菲利普爱吃水果和牛排，而尼克爱吃鱼和鸡肉。

在菲尔·赫尔穆斯看来，1993年发生的事让他的人生更圆满了，他想要的一切基本上都有了，除了在名人堂扑克经典赛中取得胜利。

在这一年，凯西也硕士毕业了，开始找工作，她将入职一家医院，成为一名住院医师。但是到底该选哪家医院让凯西犯了难，因为她根据医院项目的好坏给医院排名，而医院则是按照申请人的偏好给他们排名，所以她不确定心仪的医院是否能接受她的申请，如果随便填写的话，就和抛硬币没什么区别了。

菲尔·赫尔穆斯很想让凯西去拉斯维加斯，他早就想去定居了。但他知道拉斯维加斯并没有适合凯西工作的好医院，凯西也明确表示，不可能！于是，菲尔·赫尔穆斯又开始极力向凯西推荐洛杉矶这座气候适宜、风景优美的城市。

最终，凯西的第一志愿填写了斯坦福大学医学院医院，第二志愿填写了加州大学洛杉矶分校医疗中心。菲尔·赫尔穆斯心里打着小算盘："凯西被斯坦福大学医学院医院录用的概率太低了，那么她很可能就会去洛杉矶工作，那实在是太棒了！"

但令菲尔·赫尔穆斯没想到的是，最后竟是他自己成了帮助凯西进军斯坦福大学医学院医院的重要力量。

因为这个医院的一位主任对世界扑克冠军菲尔·赫尔穆斯很感兴趣，所以他邀请了凯西去斯坦福大学医学院医院工作！

1994年的WSOP在4月底举行，这次有20场公开比赛。4月25日，328名选手参加了1500美元买入的WSOP无限注扑克锦标赛，菲尔·赫尔穆斯也在其中。当他一路过关斩将打到剩下最后三人的时候，他已经有了巨大的筹码领先优势。菲尔·赫尔穆斯打牌比较有攻击性，对手乔治·罗迪斯很快就想出了办法来对付他。乔治在庄位跟注，菲尔·赫尔穆斯在小盲位加注，另一名对手霍华德·莱德尔弃牌，乔治再次把筹码全下，菲尔·赫尔穆斯弃牌。这种模式重复了好几次之后，菲尔·赫尔穆斯才发现其中的问题。为了对付乔治，菲尔·赫尔穆斯决定，他再也不在小盲位或大盲位加注了！

1小时后，菲尔·赫尔穆斯在小盲位拿到了A-A，他十分确定这把一定能把对手淘汰！就在他盘算的时候，乔治跛入①了进来，菲尔·赫尔穆斯连忙加了很多筹码想要迷惑乔治，果然乔治把筹码全下了，菲尔·赫尔穆斯果断跟注！

乔治翻开底牌是K-10，菲尔·赫尔穆斯想着这下应该稳赢了。此时的菲尔·赫尔穆斯有30万个筹码，乔治

---

① 跛入，是扑克术语，也叫"溜入"，意思是没有加注便进入翻牌圈。

和霍华德各有10万个,优势完全在菲尔·赫尔穆斯这边!

当翻牌发出 J-10-10 的时候,菲尔·赫尔穆斯在心里骂了一句:"真恶心!"

最后两张公共牌是 J-8,菲尔·赫尔穆斯已经气得说不出话来了。为什么?为什么我明明已经稳赢了,上天却和我开了这么大一个玩笑!

在后面的比赛中,菲尔·赫尔穆斯淘汰掉了霍华德,但他最后还是输给了乔治。对于获得第二名、93 900 美元奖金这个结果,菲尔·赫尔穆斯还是可以接受的,但他还是忍不住抱怨自己的运气怎么那么差!随后,他决定随便打打支线比赛就算了,还是不去打主赛了。

这倒不是因为他的自信心受到了打击,而是他想起了一件事情:已故的扑克界大佬奇普·里斯曾经告诉菲尔·赫尔穆斯,他在 WSOP 的现金游戏中平均每年赢30万美元,而许多最伟大的选手(如奇普、道尔·布朗森、陈强尼、比利·巴克斯特、斯杜·恩戈)都把自己的精力集中在现金游戏上。菲尔·赫尔穆斯以前总是想打大型比赛,因为他想成为世界上最优秀、最伟大的职业扑克牌手,但现在一想,当初的自己年轻气盛,太自负了。所以他决定少参加比赛、多打现金游戏。

菲尔·赫尔穆斯也确实做到了。1994 年,他只参加了几场 WSOP 比赛,并把大量的精力放在现金游戏上。

在 1994 年 WSOP 期间，菲尔·赫尔穆斯在现金游戏中赢了 19 000 美元；但在 1994 年的名人堂扑克经典赛期间，他却在现金游戏中输了不少钱。菲尔·赫尔穆斯意识到，自己在扑克锦标赛中的表现达到了世界级的水平，但他却不是一个世界级的现金游戏玩家，至少现在还不是！

1994 年 7 月，凯西和菲尔·赫尔穆斯全家搬到了加州北部，凯西的侄女克莱尔·桑伯恩也和他们住在一起，顺便照顾年幼的菲利普和尼克。当时的克莱尔只有 18 岁，刚从高中毕业，虽然她没有接受过保姆工作的培训，但她非常喜欢小孩，有强烈的责任心，所以她把两个孩子照顾得非常好。克莱尔在菲尔·赫尔穆斯家住了两年，一直表现出色，她不仅能容忍菲尔·赫尔穆斯的臭脾气，还和孩子们相处得很好。对于克莱尔的付出，菲尔·赫尔穆斯表示非常感激。

1994 年 9 月，凯西进入斯坦福大学医学院医院住院部实习，开启了早上 7 点上班、晚上 7 点下班的艰苦日子，当她回到家的时候，已经精疲力尽了。看着凯西这么累，菲尔·赫尔穆斯意识到自己必须更懂事一点，不能在情感上太过依赖凯西了，否则会占用凯西太多的精力，让已经很疲劳的她更加劳累。

由于成长过程中已经养成了低自尊的习惯，菲尔·赫尔穆斯在很长一段时间内都不能适应自己在扑克事业上的成功，这就让他陷入了某种矛盾：他是世界上最著名、最成功的职业扑克牌手之一，但他又极其自卑，就像一个不成熟的男孩。而在凯西忙碌实习的几个月里，菲尔·赫尔穆斯也变得成熟了，他不再动不动就打1～2小时的电话找凯西寻求安慰，而是努力去调整自己的情绪。菲尔·赫尔穆斯下定决心：一定要振作起来，让当初看好他的凯西真正得到他这颗的"钻石"！

在1995年的WSOP中，菲尔·赫尔穆斯依然一无所获。他把所有的精力都放在了现金游戏上，但没有赢什么钱。在思考这种事情的时候，菲尔·赫尔穆斯总结出了一个规律：当他赢的时候，他就可以在那段时间里赢很多，而且会持续好几个星期。比如，在1991年的名人堂扑克经典赛中，他在一周内分别获得了第三名、第四名、第一名和第四名。在1992年的WSOP中，他在一周内分别获得了第四名、第四名、第二名和第一名。在1993年的WSOP中，他赢得了3条金手链，并获得了第二名。在1995年的名人堂扑克经典赛中，菲尔·赫尔穆斯又将迎来胜利的曙光！

1995年的名人堂扑克经典赛

1995年12月16日,在马蹄铁酒店,菲尔·赫尔穆斯赢得了名人堂扑克经典赛1500美元买入的有限注扑克锦标赛冠军和117 000美元。这是他第二次赢得名人堂手表。四天后,5000美元买入的比赛开始了,菲尔·赫尔穆斯的筹码一路领先,并成功挺进了决赛桌。对于这场比赛,菲尔·赫尔穆斯势在必得!

打到决赛桌的时候,凯西在百忙之中抽出时间飞过来观看菲尔·赫尔穆斯的比赛,这个消息让菲尔·赫尔穆斯受到了极大的鼓舞。在凯西还没来的时候,他就用洪荒之力淘汰了好几个对手,这时决赛桌上只剩下最后三人。

两名对手分别是亨贝托·布伦斯和霍华德·莱德尔。对于这两个对手,菲尔·赫尔穆斯还是比较了解的,这两个人都曾经和他打过比赛,所以菲尔·赫尔穆斯知道他们很难缠,一定会与他展开一场恶战,而这个冠军也一定很有含金量。于是,菲尔·赫尔穆斯打起了十二分的精神应对他们。

没多久,亨贝托就被淘汰了,此时桌上只剩下了菲尔·赫尔穆斯和霍华德。在打牌的时候，菲尔·赫尔穆斯注意到霍华德的父母也在场，为此他感到十分高兴。因为在美国社会中，职业扑克牌手并不是体面的职业，很多职业扑克牌手都难以得到家庭的支持，而缺少家庭支持的他们在面临挫折的时候就很容易自暴自弃，甚至走向吸毒、酗酒的歧途。看到霍华德也得到了家庭的支持，菲尔·赫尔穆斯的心里暖暖的，作为扑克事业的爱好者，他非常希望越来越多的职业扑克牌手都能得到家人的理解和支持！

比赛继续进行，翻牌发出了6♦-5♠-2♠，而菲尔·赫尔穆斯的手牌是6♣-4♣，多好的翻牌啊！霍华德下了一个大注，菲尔·赫尔穆斯有一个不好的预感，但还是跟注了。他心想：后面最好不要发出5，万一给他凑出三条就麻烦了，也不要出现7、8、9，防止他连成顺子。

转牌发出了8，霍华德又下了个大注，菲尔·赫尔穆斯依然跟注。

河牌发出了2，此时公共牌凑出了对2，霍华德又下了一个大注。到了这里，菲尔·赫尔穆斯已经无法准确判断霍华德在想什么了，于是他弃牌了。

随后，霍华德翻出了自己的手牌9-5，是比菲尔·赫尔穆斯小的牌型。菲尔·赫尔穆斯居然被他诈唬了！这让菲尔·赫尔穆斯非常沮丧，他在心里不停地责备自己：

怎么就没坚持到最后呢？说好的勇气和坚持去哪儿了？在最关键的时候，他居然怂了！

懊恼归懊恼，比赛还得继续。5:45 的时候，凯西终于来到了现场，菲尔·赫尔穆斯看到凯西来了，瞬间觉得自己全身充满了力量，他仅仅用了 20 分钟就把霍华德打败，赢得了冠军，并获得了 23.6 万美元的奖金！

作为完美主义者，菲尔·赫尔穆斯还是有点纠结刚才 6-4 弃牌的那局。不过，后来他释然了：我弃牌输掉那一把，只是不想赢得太快罢了。因为我想让凯西看到我胜利的时刻，如果刚才就赢了，那凯西岂不是白跑一趟？

到现在为止，菲尔·赫尔穆斯已经拥有了 5 条 WSOP 金手链、3 块名人堂手表和自行车俱乐部扑克锦标赛主赛事冠军。世界上最具盛名的三大扑克比赛，他都拿过主赛事冠军了！这真是完美的职业生涯经历！但菲尔·赫尔穆斯明白，这一切只不过是个开始，在后面的几十年，他要继续刷新纪录、创造奇迹！

第六章 起起落落的90年代

"送"房子的约翰·波诺

在赢下名人堂扑克锦标赛主赛事之后，菲尔·赫尔穆斯开始盘算在加州北部买一套房子，毕竟他现在拖家带口的，有一套自己的房子会更省事一些。但很明显，他的现金并不够全款买一套大房子，于是，菲尔·赫尔穆斯想起了一个人。

约翰·波诺是菲尔·赫尔穆斯的旧友，在1996年的WSOP之前，波诺原来的投资人不再支持他了，这导致他没钱去打比赛。但菲尔·赫尔穆斯很清楚这个朋友的实力，他是一个完全值得投资的人。于是，在接下来的几年时间里，菲尔·赫尔穆斯断断续续地投资了波诺几次，而波诺也没有辜负他的信任，为菲尔·赫尔穆斯赚了不少的钱。

在1995年WSOP开始的前一天，波诺请求菲尔·赫尔穆斯资助他打比赛，但菲尔·赫尔穆斯自己也想打这场比赛。当他亲自参加大型比赛的时候，他一般是不会买其他的选手的，因为他觉得这样会分散自己的精力。比如，打到一半的时候，他就会想，我买的选手A还有多少筹码，我买的选手B还有多少筹码，他们的状态好不好，能不能为我赢到钱。然后，他就会开始控制不住地走到他们的牌桌前看他们打牌，比赛结束后还要和他们聊天，鼓励他们。这真是件麻烦事！

为了防止自己的精力被分散，菲尔·赫尔穆斯一直坚持着这条原则。在之前，菲尔·赫尔穆斯也确实买过一些选手，包括T.J.克劳蒂尔、约翰·波诺、戴夫·克伦克尔顿等，他们也确实赢了不少钱，而其中给他带来最多收益的就是约翰·波诺。如今波诺求他帮忙，作为讲义气的典范，菲尔·赫尔穆斯决定向老朋友伸出援手！

菲尔·赫尔穆斯很熟悉这个交易规则：支持者为玩家提供100%的钱打比赛，以及承担他们的机票和酒店住宿费用，当他们比赛拿到奖金后不仅要把支持者投资他们的钱还回去，还要把50%的奖金分给支持者。比如，一个玩家在一次比赛或游戏中输了20 000美元，在下一次比赛或游戏中又输了33 000美元，于是支持者给了他53 000美元，最后他赢了10万美元，那么支持者将收回他投资的53 000美元，再加上47 000美元的50%。然而，比赛输赢是无法预料的，如果你不小心投资了一个不靠谱的玩家，那么你大概率要继续投资他好几年才能回本。

1995年，在交完税款之后，菲尔·赫尔穆斯的手头也不宽裕，他只有61 000美元可以用于比赛，包括1996年WSOP的23场公开比赛。如果投资波诺，那么他的资金压力就会很大，很可能导致他在WSOP比赛中失利。

可是，波诺是他多年的老朋友了，现在都已经来求他了，最终菲尔·赫尔穆斯还是心软了，他答应资助波诺去打 WSOP。

1996 年的 WSOP 果然很难打，几周过去了，菲尔·赫尔穆斯感觉自己的资金减少的速度非常快，这样下去可不行！于是，他和波诺只能跳过几场比赛，打倒数第二场的 5000 美元买入的有限注扑克锦标赛，这样才能剩下足够的钱让菲尔·赫尔穆斯顺利参加 10 000 美元买入的 WSOP 主赛事，而这样一来波诺就没有钱打主赛事了。所以，他们至少要有一个人在倒数第二场的比赛中拿到奖金！

很不幸，菲尔·赫尔穆斯很快就被淘汰了，好在波诺那边很顺利，一路打到了决赛桌，并成功进入前三名，这样就能拿到奖金了！菲尔·赫尔穆斯紧张地看着波诺在那里比赛，心中祈祷着他一定要打得好一点，最好能拿下冠军。最终，波诺拿到了第二名的好成绩，获得了 13.57 万美元的奖金。由于两个人之前约定菲尔·赫尔穆斯占更大的股份，所以这 13 多万美元基本上都是菲尔·赫尔穆斯的！这下，他们的压力减轻了不少，两个人都轻松了一点，他们感觉自己刚从濒死的边缘活过来！

紧接着就是 5 月 13 日的主赛事，两个人都报了名，这次菲尔·赫尔穆斯得到了波诺 50% 的股份。这场比赛菲尔·赫尔穆斯依然没打好，第二天晚上他就输光了所有筹码，而波诺却保持了筹码数量领先。

第三天，波诺打出了前所未有的一手烂牌。波诺没有控制好情绪，打得有点冲动，连续输了很多，从29万个筹码输到只剩4万个筹码。然后，他用这4万个筹码以10♠-9♠的手牌全下，而对手的牌却是A♣-8♣，结局也很戏剧性，翻牌发出了Q-J-8，直接让波诺翻了盘。这场令人抓狂的比赛结束后，终于到了晚饭时间，选手们都暂停比赛，吃饭去了。

菲尔·赫尔穆斯投资了波诺6年，从来没有对他大喊大叫过，但今天他实在忍不住了。在马蹄铁酒店的自助餐区，菲尔·赫尔穆斯丝毫不顾波诺的妻子琼在旁边，愤怒地朝波诺发火："你到底在干什么？你无缘无故地白给了对方25万个筹码，你到底怎么了？你竟然在WSOP主赛事上犯傻！你以为你每次都能运气这么好吗？！第一名的奖金可是100万美元，你要是输了，你余生都会一直后悔的！耐心一点，好好控制一下自己吧！"

自知理亏的波诺一句话也没说，他沉默地吃完了饭，然后说："我累了，我要去房间打个盹。"

大约30分钟后，当波诺再次回到赛场时，菲尔·赫尔穆斯看得出波诺的状态已经完全变了，他的眼神中充满了坚定。这个时候，菲尔·赫尔穆斯本能地知道，波诺终于要出手了！

桌上的其他人以为波诺还是之前那个鲁莽的男人，每个底池他都下注，随随便便就能诈唬。但波诺已经不一样了，他开始频繁弃牌，连续弃牌13手，菲尔·赫尔穆斯从未见过任何人能这么快放弃手中的牌。最后，他终于加注了，而且他精准地击中了公共牌！真是令人震惊！对手们完全被他的操作惊呆了，每个人都迫不及待地想避开他！这一天，波诺的筹码数量位列第三名！

比赛的第四天，这一天是决赛桌的比赛。菲尔·赫尔穆斯表现得比波诺本人还兴奋，因为冠军的奖金可是100万美元啊！谁能不心动呢！

这时，菲尔·赫尔穆斯和他的父母以及让·博内蒂一起坐在观众席上，为波诺加油！凯西由于工作太忙了，只是匆匆过来看了一下就又回去了，因为她对扑克比赛并不很感兴趣。

当比赛进行到仅剩最后5人的时候，波诺用8-8的手牌跟注，其他人都弃牌了，哈克在大盲位用7-3的手牌过牌。

翻牌是7-3-2，哈克过牌，波诺加注，哈克再次加注，波诺也不甘示弱地继续加注，哈克直接全下，波诺也没怂，选择了跟注。哈克的激进打法让看台上的菲尔·赫尔穆斯替他捏了一把冷汗，"难道我们就要在这里结束了吗？"他心里这样想着。

转牌发出了 5，对哈克还是不利。菲尔·赫尔穆斯明白，波诺要想赢，最后一张牌必须是 2、5、8 中的一张，这些牌加起来才 8 张，而其余的 36 张牌都能让哈克赢。

菲尔·赫尔穆斯紧张得都不敢看了，然后，工作人员奇迹般地喊出了那句："河牌是 8。"

看台上的菲尔·赫尔穆斯和家人们都已经疯狂了！他们激动地抱在一起庆祝！他不知道这个"8"现在值多少钱，但他知道，第五名的奖金是 12.87 万美元，而冠军的奖金则是 100 万美元！

当决赛桌打到剩下最后三个人哈克·斯迪德、波诺和筹码数量领先的业余玩家布鲁斯·范·霍恩博士的时候，布鲁斯说："我们谈一个交易吧！"

对哈克和波诺来说，这是多么惊人的报价！本来他们并不确定是不是想达成交易，直到他们看到这些数字！如果是这样的话，他们每个人都能保底获得 60 万美元，第一名可以加上额外的 12.6 万美元，就是 72.6 万美元，毕竟他有巨大的筹码优势，多分钱也是应该的。哈克和波诺都认为自己有实力赢了布鲁斯，但对于这种分钱的诱惑，他们实在难以拒绝。于是，在考虑良久之后，他们还是同意达成这笔交易。

所以，第一名将得到 72.6 万美元，第二名和第三名得到 60 万美元。因为布鲁斯博士有很大的领先优势，他给哈克和波诺提供了很大的机会分钱，虽然哈克和波诺都认为他们可以赢得布鲁斯的筹码，但哪一个理智的人能错过这笔交易呢？没有一个理智的人能！所以，他们勉强地达成了一个协议。

最终，波诺获得了第三名，菲尔·赫尔穆斯带着波诺、琼和父母等人去了皮耶罗餐厅吃饭，他们点了石蟹爪、缅因州活龙虾、牛排和多姆·佩里尼翁（一款著名的香槟酒），一边敬酒一边反复称赞这个幸运的"8"，这个"8"让他们赚了60万美元！

这件事给了菲尔·赫尔穆斯深刻的领悟：有一些痛苦、一些牺牲，总是值得的！就像这次花了61 000美元来投资波诺，最后的回报如此丰厚！在1996年的最后两场WSOP中，波诺赢了735 700美元，菲尔·赫尔穆斯则分到了495 700美元，这意味着他最后将带着近50万美元的现金离开拉斯维加斯！

这次赢的钱加上自己的存款，终于够菲尔·赫尔穆斯一家买个大房子了！可以说，这套房子是波诺送给他们的！

不过买房这件事并不是很顺利，当他们得知加州的房价时，他们都震惊了！1989年，菲尔·赫尔穆斯在威斯康星州的麦迪逊花了18万美元就买到了漂亮的顶层公寓，而现在在加州北部，80万美元竟然买不到一套大房子!

起初，菲尔·赫尔穆斯看上了一套四居室，它占地3700平方英尺（相当于1127.76平方米），有一个游泳池，两棵橘子树，一棵柠檬树，坐落在一条绿树成荫的街道。可惜它的标价为98万美元，远远超出了菲尔·赫尔穆斯家庭的预算。虽然他今年赚了这么多的钱，但还要为缴纳税款预留出很多。不过，好在他们发现这套房子是可以贷款的，最低可以先付10%的首付，每月再支付9000美元左右的贷款。

想到这里，菲尔·赫尔穆斯试图把房价砍到91.8万美元，他向中介提出了降价的要求，但中介告诉他他的报价太低了。于是，菲尔·赫尔穆斯就说："那算了吧，我们正好看上另一套，你不降价我们就去买别的房子了。"中介连忙妥协，最终他花91.8万美元买下了这套房！

1997年的 WSOP——扑克史上最难打的一桌牌

1997年的 WSOP 如期而至，菲尔·赫尔穆斯意识到，自己离赢得最后一条金手链已经过去整整四年了。虽然他已经获得了 5 条金手链，但要想成为扑克史上最厉害的人，这显然是不够的，他必须参加更多的大型扑克锦标赛才行。只是打现金游戏不能让他得到荣誉，因为在现金游戏中，玩家更注重如何赢更多的钱，他们可以和一些节目组合作来拿一些牌桌以外的收入，或者找有钱的老板来打牌，所以在现金游戏中，很难判断一个人的真实水平，赢了很多钱不代表他很强，输了很多钱也不能说明这个人牌技不好。有些人看似在现金游戏中输了好几百万美元，但他们的广告收入已经远远不止这么多钱了！

1997 年 5 月 6 日，菲尔·赫尔穆斯和其他 170 名玩家一起购买了 3000 美元买入的底池限注德州扑克比赛门票，并顺利赢得了他的第 6 条金手链。在接下来的一周里，菲尔·赫尔穆斯在 1997 年的 WSOP 中连续取得了不错的成绩，其中有一桌比赛令他印象深刻。

这桌比赛曾被美国媒体反复报道，并称它为"扑克史上最难打的一桌牌"。因为这一桌坐着五位世界冠军：斯杜·恩戈、鲍比·鲍德温、道尔·布朗森和贝瑞·约翰斯顿，还有菲尔·赫尔穆斯。

在这张桌上，菲尔·赫尔穆斯和斯杜·恩戈完全掌控着局面，两人大杀四方，同时又针锋相对，激烈的缠斗持续了好几个小时，两个人就像疯了一般。

菲尔·赫尔穆斯用手牌 A-T 跛入进场，坐在大盲位的斯杜持手牌 Q-J 过牌。翻牌发出了 J-9-2，菲尔·赫尔穆斯试图诈唬，但没有成功。转牌又发出了 J，菲尔·赫尔穆斯无计可施，但他坚持打了下去。最后河牌发出了 A，但还是赢不过斯杜的三条 J。斯杜最终赢下这个底池，并在这一年赢下他的第三个主赛事冠军。

虽然这把输了，但菲尔·赫尔穆斯并不觉得耻辱，因为他一直都很敬重斯杜这位罕见的扑克天才，能够和斯杜面对面地对决，菲尔·赫尔穆斯十分开心。

8 月，1997 年名人堂扑克经典赛开始了，菲尔·赫尔穆斯飞过去参加。与此同时，菲尔·赫尔穆斯一家卖掉了他们在威斯康星州麦迪逊市的房子。虽然他们 1994 年就已经搬家了，但花了三年时间才把老房子卖掉。那套房子最终卖了 22 万美元，当房产经纪人打电话给凯西询问把那张支票寄到什么地方的时候，凯西告诉他："寄到马蹄铁酒店就可以了。"而当时，菲尔·赫尔穆斯正在马蹄铁酒店参加名人堂扑克锦标赛。菲尔·赫尔穆斯非常惊讶妻子直接把钱给自己，他知道妻子很信任自己，但没想到如此信任，这让菲尔·赫尔穆斯感动得泪流满面，他发誓一定不能让妻子失望。

那天，菲尔·赫尔穆斯的表现并不是很好。他在决策上错误频出，整晚都在玩1500/3000美元的有限注德州扑克，并且一直在输。最后，他决定兑现一部分支票来增加筹码。

于是，菲尔·赫尔穆斯问鲍比·鲍德温："我可以抵押这张支票从你这里兑现18.5万美元吗？"鲍比同意了。

鲍比，一个扑克界的传奇、拉斯维加斯的传奇，世界扑克冠军，菲尔·赫尔穆斯听说他在史蒂夫·韦恩的组织中排名第二。据大股东盖伊·拉利伯特说，鲍比和史蒂夫·韦恩一起资助太阳马戏团。如果没有鲍比在贝拉吉奥酒店运作，就不会有90亿美元的马戏团和所有的大型娱乐节目！后来，鲍比不断投资建设拉斯维加斯市中心，逐渐成为拉斯维加斯赌博行业的巨鳄。

当拿到钱的时候，菲尔·赫尔穆斯已经欠陈强尼40 000美元，欠哈米德·达斯特马尔奇30 000美元，再加上鲍比扣掉的一部分，菲尔·赫尔穆斯手里还有11万美元。菲尔·赫尔穆斯此时感到压力山大，他意识到自己已经被绝望包裹，没有任何失败的空间。除了自己的名声，自己背后还有妻子和两个儿子，他们都在期待着自己能够胜利回家！

后来，即便菲尔·赫尔穆斯感觉自己的状态好多了，依然不能改变自己连败的事实。没过多久，他就输得仅剩18 000美元了。他不想再玩下去了，回去睡一觉再吃点东西，说不定会改变运气。

这一把，鲍比和陈强尼跟注，坐在小盲位的菲尔·赫尔穆斯看了看自己的手牌A♠-8♠。很简单，这手牌他应该加注，但他此时非常想弃牌，因为他只剩下最后的18 000美元了！很快，菲尔·赫尔穆斯就让自己的理智战胜了情感，他加注了，哈米德和鲍比也都跟注了。翻牌发出了Q♠-10♠-2♠，菲尔·赫尔穆斯击中了同花，而且自己还有A。欣喜的菲尔·赫尔穆斯加注1500美元，对手们也很给力，不是跟注就是加注。转牌发出了8♦，菲尔·赫尔穆斯过牌想看看怎么加注，没想到所有的对手都过牌了，这让他损失了一轮价值。不过不要紧，河牌发出了10♦，菲尔·赫尔穆斯加注3000美元，只有哈米德跟注，鲍比和陈强尼弃牌，最终，哈米德亮出了手牌6♠-4♠，这是比菲尔·赫尔穆斯小的同花。菲尔·赫尔穆斯赢下了这个大底池，手里的钱也变成了39 000美元。

随后，菲尔·赫尔穆斯越战越勇，不到3小时就把支票赎了回来，手里拿着额外赚来的80 000美元现金离开了牌桌。菲尔·赫尔穆斯赶紧把支票给凯西寄了回去，暗自松了一口气：危机终于解除了！

这次的经历让菲尔·赫尔穆斯意识到，原来自己的抗风险能力远比自己想象中的差，并不是因为自己多么怕输，而是因为他知道，当自己选择做一名职业扑克牌手的时候，一夜之间失去一切是随时可能发生的事情，而且很多职业扑克牌手也确实经历过这些。他现在之所以感到害怕，是因为自己的身后还有依赖自己的家庭。现在一家人感情和睦，住在漂亮的房子里，过着美好的生活，如果他倒下了，他的家人也要跟着他过苦日子了。想到这里，菲尔·赫尔穆斯发誓，自己以后决不会这样冒险了，他一定要努力管好自己和自己的钱，远离深渊，哪怕碰到很好的机会，也不能冒着让家庭陷入经济困境的危险去赌。

为了能够管理好自己，菲尔·赫尔穆斯制订了一个新的财务计划。他觉得自己的赚钱能力还是太弱了，他现在只能依靠赢钱维持收入。思来想去，他觉得还是让别人投资自己的办法更好一些，这样就可以把输钱的风险转移给投资人。那么问题来了，他如何让自己得到投资呢？

一开始，菲尔·赫尔穆斯想着当自己的净资产达到70万美元的时候就接受投资，但后来他的净资产增长了10万美元，于是他又想提高一下门槛，毕竟自己的净资产越多越好，这样可以为家人提供更好的物质保障。为了找到适合自己的投资人,菲尔·赫尔穆斯开始留意自己的社交圈,他有意和更多资金实力雄厚的人达成合作,降低自己单打独斗的风险。

菲尔·赫尔穆斯的这种管理模式与扑克界其他的玩家们是完全不同的。在扑克圈子里,玩家们更热衷于"借贷制度"。所谓的借贷制度就是当一名玩家破产的时候,他会向赢了钱的玩家借钱,并用这笔钱继续打下去,直到反败为胜还清债务为止。从表面上看,这种借贷模式对职业扑克玩家很有价值。首先,职业扑克牌手的打牌水平有波动是一件很正常的事情,即使是很强的牌手,也有不断连败的"下风"时期,而这种借贷模式可以很好地帮助他们渡过难关,让他们不至于因为输到破产而从此再也无缘扑克,也不会让他们因为没钱而错过对他们来说很好的机会。而且,在菲尔·赫尔穆斯看来,这种借贷模式还有一个特点,就是可以让一个人在濒临绝境的时候发挥出潜力,实现超水平发挥,这对于追求刺激的玩家来说很管用。

但菲尔·赫尔穆斯不这么认为,原因有两个:

首先,站在借款人的角度,如果他参与了这种模式,那么他就要接受这样一个事实:他有时会资金短缺,而且愿意负债。这是一个没有尽头的无限循环,因为作为借款人和债主,保持资金流动才能保证他们的利益最大化。

其次，站在债主的角度，他就必须不断地向外借钱，这样才能让欠他钱的玩家继续打牌，有机会赢钱还债，这样钱才会越来越多。那么问题又来了，谁能保证这些钱最后一定能收回来呢？而且，菲尔·赫尔穆斯想着自己将成为长期赢家，那么既然自己是长期的赢家，就肯定会是债主了，他可不愿意借出去那么多不知何时才能收回来的钱。如果是这样的话，他能看到未来几十年自己是什么样的：一长串欠他钱的人还在继续找他借钱，而他也只能不断地借出去，哪怕他知道这些钱不知道什么时候才能回来。

损失一些钱只是一方面，另一方面，因为借钱的事而失去朋友也是有可能发生的。菲尔·赫尔穆斯是有亲身体会的，他把钱借给了朋友，当向朋友要钱的时候，可就没有那么愉快了，他还因此失去了一个曾经玩得很好的朋友。从此，菲尔·赫尔穆斯再也不借钱给朋友，每当有人向他借钱，他都会想起那段糟糕的经历。

1998年的扑克嘉年华和WSOP——高开低走

1998年1月,一种新的、非常受欢迎的扑克锦标赛突然出现:扑克嘉年华。它最初是在拉斯维加斯的里约热内卢酒店举办的。而且,这次比赛的参赛人数出乎意料地多,光是1月3日举办的500美元买入的有限注德州扑克锦标赛就有480名选手报名参加,这令菲尔·赫尔穆斯十分激动,因为他知道参赛的人数越多意味着奖金越高,于是他决定去看一看。

1998年1月17日,就在妻子凯西生日的那天,菲尔·赫尔穆斯和约翰·博内蒂、陈强尼一同进入了1500美元买入的有限注德州扑克锦标赛决赛,菲尔·赫尔穆斯有意避开和陈强尼的对决,因为他见识过陈强尼的手段,所以不想碰到这样强硬的对手。这次的奖金比想象中要少,第一名只有78 000美元,第二名是39 000美元。好在这不是什么重大比赛,所以这几个人也都是当作娱乐游戏来玩的。打到凌晨2点半的时候,他们直接达成了交易,按照筹码分配了奖金,菲尔·赫尔穆斯得到了60 250美元,比陈强尼多了3500美元。

四天后,即1998年1月21日,扑克嘉年华主赛事开始了，这次比赛共有153名选手报名。菲尔·赫尔穆斯发现，每当自己要赢得比赛的时候，状态就会变得很好，一夜之间水平会提升到一个很高的档次。他也说不上来是什么原因，反正这次他感觉又好起来了。于是，他对这次比赛又变得十分期待。而且，由于主办方宣传得当，扑克嘉年华在扑克界引起了很大的反响，众多实力强悍的扑克界名人都前来参赛，打到决赛桌的时候，当时的世界扑克锦标赛冠军哈克、陈强尼和菲尔·赫尔穆斯都在里面，这也从侧面体现了这次比赛的含金量。不过，陈强尼这次只获得了第九名。

在还剩下 7 名选手的时候，菲尔·赫尔穆斯打得比较激进，其中有一把，他用 9-9 的手牌在翻牌 J-J-9 时全下，这一操作直接给对手整蒙了。菲尔·赫尔穆斯并非一贯这样激进，只是那一天，几个对手总是喜欢诈唬他，这让他想起了曾经被陈强尼吓得两次弃牌的事情。

"陈强尼都让我给打出局了，我还怕你们？"想到这里，菲尔·赫尔穆斯就点燃了激情，于是他直接全下，抓对手的诈唬，一方面是为了赢，另一方面也是向他们传递一个信号：你们再欺负我，后果自负哦！这确实是个有效的方法，成功吓退了对手们。

当比赛打到剩下最后两人的时候，菲尔·赫尔穆斯面对着当今世界上最著名的扑克冠军——哈克。两个人小憩之后很快投入了紧张的战斗中，不过，在战斗之前，他们还需要做一件事，那就是谈一笔交易。第一名的奖金是 30.6 万美元，第二名是 15.3 万美元，这差得也太多了，谁也不想承担这么大的风险。在谈判的时候，菲尔·赫尔穆斯的筹码是领先很多的，如果按照筹码数量来分钱，哈克会少分很多，于是哈克不同意按照筹码数量来分钱。最终，菲尔·赫尔穆斯做出了一些让步，谈成了交易：菲尔·赫尔穆斯拿 21.3 万美元，哈克拿 20.3 万美元。

两人激战了好久，菲尔·赫尔穆斯用 8-8 的手牌赢了哈克的 K-K，几乎将哈克淘汰。但哈克不愧是世界上最强的牌手，他稳住了，又慢慢赢了回来，最终反杀菲尔·赫尔穆斯拿到了冠军。菲尔·赫尔穆斯看到自己只拿到了亚军很难过，毕竟他是有很大机会拿冠军的，都怪自己后面打得太激进了！不过，他也没有伤心很久，毕竟钱到手了，而且输给哈克也不丢人。

到 1998 年的 WSOP 开始前，菲尔·赫尔穆斯发现他的净资产为 120 万美元。除了家里有一套很好的房子，他还有 SEPP 基金、汽车和股票等资产。菲尔·赫尔穆斯的计划是，如果情况恶化，那么在自己的资产达到 100 万美元的那一刻，他就去找人投资自己。菲尔·赫尔穆斯扑克界的朋友们都认为这是历史上最保守的计划！因为他还有 100 万美元的净资产呢，不至于去找人投资自己，搞得好像自己破产了似的！

菲尔·赫尔穆斯经过深思熟虑，认为这种模式可以最大限度地让自己的风险被分散。他必须保护自己的家，即使到了最坏的地步，也不能因为无法偿还抵押贷款而失去房子！菲尔·赫尔穆斯认为自己所能接受的最大风险，只能是在赢得大型比赛的时候少得到很多钱，而且这样是为了保障妻子和孩子的日常生活，所以他完全可以接受。不错不错，这是一个很好的风险对冲计划！

1998年的WSOP对菲尔·赫尔穆斯来说是一次失败的经历：他只在两场比赛中分别获得了第16名和第14名。好在他的现金投资计划进展得很顺利，菲尔·赫尔穆斯向一些扑克玩家经营的对冲基金投资了92 000美元。这些基金承诺，他们会在重大交易之前向市场披露信息，全市场的人都有权看到，并在交易之前选择买进或卖出。而且，他们的对冲基金平均每年的收益为137%。到了2000年1月，菲尔·赫尔穆斯在这个基金账户中的余额已经达到了26万美元。但随后在2月发生了大崩盘，此后不久这种对冲基金就被禁止了。此时，菲尔·赫尔穆斯的账户里还有18万美元，对他来说已经实现了巨大的收益，但是，他还是感觉自己没赚够，这种基金为什么不能再存在10年呢！

1999 年的 WSOP——合作愉快

1999 年的 WSOP，菲尔·赫尔穆斯打进了 8 场比赛的决赛桌，而 1998 年只打进一次，但是他也不怎么在意这件事，因为他的心思压根儿就没在这上面。那时，菲尔·赫尔穆斯正在玩 400/800 美元的混合赛，他大部分时间都在洛杉矶和拉斯维加斯。他主要打了 5 场比赛：有限注、奥马哈、Razz（七张牌梭哈的一种变体）、七卡螺柱、七张牌。尽管菲尔·赫尔穆斯在混合赛中表现出色，但他还不是一名世界级的混合赛牌手，比他强的选手太多了。在参加 400/800 美元的混合赛过程中，菲尔·赫尔穆斯经常与顶尖高手对决，他的实力也在这段时间飞速提升。

如果菲尔·赫尔穆斯不玩扑克游戏，他可能会在很短的时间内损失 40 000 美元，甚至更多。这不是他胡乱猜测的，而是他多年来观察扑克圈子得出的结论：大多数职业扑克玩家在 30 多岁的时候会进入瓶颈期，他们会在这里做最后的挣扎，要么挺住，要么破产。他无法解释这一现象，只是感觉这个瓶颈期似乎也在向自己靠近，而他为了应对它必须做点什么。

菲尔·赫尔穆斯坚信，他是不会破产的！就算是为了保护家人，他也要拼命努力。菲尔·赫尔穆斯心里十分清楚，他不是一个人，他的家人依靠着他，所以他无论做什么都要把握分寸，绝对不能像年轻的时候那样任性，他可赌不起全家人的前途。菲尔·赫尔穆斯的计划是，如果他的净资产跌至100万美元以下，他就会认为自己濒临破产，并要积极寻求别人的投资。到了1999年10月，菲尔·赫尔穆斯感觉是时候了，幸运的是，他遇到了可靠的投资人泰德·福雷斯特。泰德打算投资菲尔·赫尔穆斯他出钱让菲尔·赫尔穆斯打扑克，菲尔·赫尔穆斯赢后要优先还他的投资成本，剩余的钱一人一半。

有一件事让菲尔·赫尔穆斯记了20年。那是1999年9月，凯西和菲尔·赫尔穆斯在旧金山的四季酒店过夜（距离菲尔·赫尔穆斯家车程有45分钟）。那天晚上，菲尔·赫尔穆斯庆祝自己得到了泰德的投资，而凯西却对此表示不解："这有什么值得庆祝的，你疯了？"

菲尔·赫尔穆斯连忙解释说："亲爱的，别误会，我不是庆祝上周我输了7500美元，而是庆祝在我还有100万美元资产的时候做出的正确决策，我找了别人出钱投资我！这样的话，我就能保证你和孩子不会因为我输钱而承担风险了，我多么聪明啊！迄今为止还没有人能做出这么明智的决定呢！"

凯西听后懂了，她也开始夸赞起菲尔·赫尔穆斯的远见！

从一开始，泰德·福雷斯特和菲尔·赫尔穆斯的合作就非常好。不过，菲尔·赫尔穆斯欠泰德更多，毕竟人家首先相信了他，并在不确定盈利的时候就为他掏了钱。当菲尔·赫尔穆斯的账单到期时，泰德就会把9000美元转到两个人共同的银行账户里，让菲尔·赫尔穆斯支取并用于打牌。从2000年9月开始的9个月时间里，泰德每次都按时把现金转到账户上，以便菲尔·赫尔穆斯能够支付账单。

泰德并不担心菲尔·赫尔穆斯跑路或赖账什么的，毕竟菲尔·赫尔穆斯有着价值至少35万美元的SEPP基金和股票基金。如果不想合作了，菲尔·赫尔穆斯就会卖掉基金和股票偿还泰德。但泰德坚持投资菲尔·赫尔穆斯，并相信自己一定会得到回报。

与此同时，菲尔·赫尔穆斯的妻子也快疯了！账户里一点现金都没有了，还有9000美元的账单，可怜的凯西完全不知道该怎么办，这个菲尔·赫尔穆斯也太不靠谱了！他总是和凯西说，不用担心钱的问题，但现在该怎么解释？他总是对凯西说，在接下来的50年里，你会有花不完的钱，但是现在不行。你看看这是人说的话吗？难道凯西和孩子能用他画的"大饼"来充饥吗？

就像菲尔·赫尔穆斯说的，他和泰德的合作从一开始就很好，1999 年 11 月，泰德给了菲尔·赫尔穆斯 20 000 美元去大西洋城玩现金游戏。菲尔·赫尔穆斯说："我觉得，你给我 20 000 美元就够了，不够我再找你要。"泰德看到菲尔·赫尔穆斯这么自信，心里很高兴。最终，菲尔·赫尔穆斯幸不辱命，一共赢了 90 000 美元，按照之前说好的，把利润的一半分给泰德。这样一来，菲尔·赫尔穆斯获得了一个比较大的缓冲空间，至少在接下来的几个月时间里他不用再为钱发愁了。

第七章 迈向新世纪

2000年失败的扑克嘉年华和 WSOP

2000年,第三届扑克嘉年华开启了。这场受欢迎的扑克嘉年华开始于2000年1月,但这一次,举办方把地点从里约热内卢酒店转到了哈拉斯酒店,就在拉斯维加斯大道旁边。菲尔·赫尔穆斯认为,大多数人更喜欢里约热内卢酒店而不是哈拉斯酒店,但这并不影响参赛人数,比赛尚未开始便已噱头满满。

在1998年的两场决赛和1999年的两场决赛之后,菲尔·赫尔穆斯在2000年又打进了决赛,他在扑克嘉年华创造了一个相当不错的纪录:在1月22日举行的1500美元买入的有限注扑克锦标赛中,菲尔·赫尔穆斯连续第三次进入决赛(1998年、1999年和2000年),而且这次获得了第六名。

1月27日,扑克嘉年华的主要赛事开始了,参赛人数为194人,创造了历史纪录。在过去的10天时间里,经过两次决赛,菲尔·赫尔穆斯感觉自己的状态良好。在主赛事中,菲尔·赫尔穆斯凭借自己良好的状态,很快就占据了领先优势,再次进入决赛。当决赛打到剩下最后三人的时候,菲尔·赫尔穆斯已经获得了很大的筹码数量优势，奖金是这样分配的：第一名 386 900 美元，第二名 201 400 美元，第三名 100 700 美元。这一幕对菲尔·赫尔穆斯来说似曾相识：同样是在一个无限注扑克比赛中筹码数量领先，同样也有三名玩家。通常来讲，整个奖金池的 40% 会给第一名，20% 给第二名，10% 给第三名，前三名的奖金占据了整个资金池的 70%。谢天谢地，菲尔·赫尔穆斯经常进入前三名！

然而，这次这三个人打得很奇怪。他发现来自法国的安吉洛·贝斯奈努正在往桌子上撒糖！是的，糖被他一把一把地扔在了桌子上，这让扑克牌变得有些黏手。菲尔·赫尔穆斯抱怨过，但他也毫无办法，毕竟比赛规则里没写不准把糖扔在牌桌上啊！而且，当菲尔·赫尔穆斯和现场工作人员与安吉洛说话的时候，他就假装自己的英语不好，表示听不懂他们在说些什么。显然，安吉洛认为糖可以让他变得幸运，虽然我们不知道他为什么会这么认为，但菲尔·赫尔穆斯只能选择尊重他，尽管他在心里早就骂了他几万遍！

三个人就这样打了几小时。菲尔·赫尔穆斯本可以谈成一笔交易，锁定第二名的奖金（20 万美元），但一想到泰德也要分走一部分，于是他就想再打一打，万一拿了冠军呢，那奖金岂不是翻倍了？所以他拒绝了交易，坚持打了下去。他之前就听说过对手之一的弗雷迪·博尼迪，是一位优秀的职业牌手，但菲尔·赫尔穆斯认为，自己比他更强一些。

菲尔·赫尔穆斯原以为很快就能击败这两名对手，尤其是安吉洛，一看就知道他经验不足。安吉洛打得很松，弗雷迪和菲尔·赫尔穆斯不断地弃牌。最终，两个人受够了，决定抓安吉洛的诈唬！最后，安吉洛用K♠-10♠在小盲位加注，菲尔·赫尔穆斯则在大盲位拿了A♠-Q♠，火速跟注。只看手牌的话，菲尔·赫尔穆斯赢的概率是64%，可是翻牌发出了K-Q-5，这让菲尔·赫尔穆斯有点难受，但他还是选择继续打下去。直到转牌发出了一张A，多么棒的一张牌啊！但是这一切还没有结束，安吉洛如果能等到一张J或K，还是有机会赢的。此时，菲尔·赫尔穆斯有38张胜牌，而安吉洛只有6张胜牌，这么看来菲尔·赫尔穆斯是有很大机会赢的。这一把要是赢了，他就能获得巨大的筹码领先优势，基本上冠军就是囊中之物了。可惜，正当他做美梦的时候，河牌发出了一张J，菲尔·赫尔穆斯输了！1小时后，他以第三名的成绩被淘汰。

这让菲尔·赫尔穆斯感觉非常心疼，他本来是可以拿到第二名的20万美元奖金的，甚至25万美元都有可能，毕竟自己前期有着巨大的筹码领先优势。但他当时为什么不同意谈判呢？为什么最后1小时打得如此不顺呢？也许自己再多坚持几分钟，就能看到安吉洛在压力下崩溃了，可最后偏偏是安吉洛赢得了冠军！

菲尔·赫尔穆斯郁闷不已，他一开始还在心里嘲笑安吉洛封建迷信，搞了半天原来那个"小丑"竟然是他自己！

一个月后，2000年的WSOP开启了。菲尔·赫尔穆斯认为自己今年表现得并不好，他在2000美元买入的底池限注德州扑克比赛中获得了第六名，在2500美元买入的奥马哈底池限注比赛中排名第四。对于已经拥有好几条WSOP金手链的菲尔·赫尔穆斯来说，这样的成绩实在是拿不出手。

在底池限注德州扑克比赛中，菲尔·赫尔穆斯在大盲位以4-2的手牌防守，翻牌是8-5-4。菲尔·赫尔穆斯过牌后，他的对手戴夫·科尔克拉夫下注了，菲尔·赫尔穆斯再次加注，对手也跟注了。到了转牌圈，公共牌发出了2，菲尔·赫尔穆斯数了数自己的筹码，心想："戴夫应该有一对，比如K-K或J-J，那么我就可以用两对打败他的一对。我现在有60 000个筹码，我加注20 000个，这样还有40 000个。要是河牌发出8或5，我就得放弃了，如果他的两对大过我的两对，我就会输。"

这样想着，河牌发出了一张9，在菲尔·赫尔穆斯看来，这是一张完美的河牌，于是他果断全下。没想到，戴夫翻开的手牌是9-9，加上河牌的9正好组成了三条，这是唯一能赢菲尔·赫尔穆斯的牌。菲尔·赫尔穆斯气得说不出话来，愤恨地摔桌而去，心里还骂道：他凭什么有这么好的狗屎运！

完美的维也纳之旅

2000年,菲尔·赫尔穆斯并没有在WSOP中留下光辉事迹。好在他在欧洲的两场大型国际比赛中取得了令人艳羡的成绩。

2000年10月1日,在那个阳光明媚的星期日早上,菲尔·赫尔穆斯踏上了奥地利维也纳的土地,开启了他的欧洲征程。他这次来维也纳的目的是参加扑克EM七卡螺柱扑克锦标赛。扑克EM在维也纳更偏南一点的城市巴登举办,地点是奥地利酒店。扑克EM是一场令人神往的扑克锦标赛,它在欧洲有着很大的名气!在决赛开启之前,72名进入决赛的选手会在酒店所有人面前被一一介绍。在被介绍的时候,他们会自豪地举着本国的国旗,那种场面非常令人振奋,不得不说欧洲人是懂浪漫的,就连扑克比赛都能让人产生如此强烈的情感。决赛桌被数百人包围着,并在互联网上进行现场直播。奖金被包起来堆放在银盘里,花花绿绿的欧元钞票在灯下闪闪发光,不论哪个人看见这种场景都会忍不住感慨万千。

在扑克EM中,有三场资格赛,每场有24个进入主赛事的名额。每个资格赛最多有456名选手参加,所以手速慢的话就很难在门票售罄之前买入了！从456人中决出留到最后的24人，三场资格赛一共有72人晋级参加最后一天的决赛。

菲尔·赫尔穆斯认为自己并不十分擅长玩七卡螺柱扑克，但他也曾在这个项目中拿到过不错的成绩。那是1999年，菲尔·赫尔穆斯带着妻子凯西、投资人泰德·福雷斯特以及莱恩·弗兰克一起参加了一场七卡螺柱扑克比赛，并获得了第九名。泰德则顺利进入了前八名，但最后只拿到了第四名的成绩。一年后的现在，菲尔·赫尔穆斯再次走进这座古典且宏伟壮观的酒店，继续着自己在七卡螺柱扑克领域的发展。看着身边的亲朋好友，菲尔·赫尔穆斯难掩心中的激动，他大声说："这次我一定能赢！"

因为菲尔·赫尔穆斯的妹妹莫莉住在维也纳，菲尔·赫尔穆斯特意提前四天抵达，这样就可以先和她出去玩几天。可惜莫莉这周正好要忙工作，所以菲尔·赫尔穆斯只能自己去维也纳博物馆逛逛。他很喜欢古斯塔夫·克里姆特的画作，尤其惊叹于他的著名画作《接吻》，菲尔·赫尔穆斯一直都是克里姆特的忠实粉丝，他家主卧的墙上还贴着一张《接吻》的海报。

菲尔·赫尔穆斯的另一个妹妹克里和她当时的丈夫鲍勃·索德斯特罗姆住在意大利，他们听说菲尔·赫尔穆斯到了欧洲，于是从意大利赶了过来，想和菲尔·赫尔穆斯、莫莉团聚一下，难得一聚的兄妹三人开心地玩了两天。

以前，菲尔·赫尔穆斯作为哥哥，总是会作为一位"领导者"带着弟弟妹妹玩。但是这次，他决定好好当一位远道而来的"游客"。当克里和莫莉问他去哪里玩、走哪条路的时候，菲尔·赫尔穆斯就会说："我听你们的，现在你们是向导，我是游客。"

两天的旅行很快就结束了，菲尔·赫尔穆斯感觉全身充满了力量，这真是一次美妙的旅行啊！

菲尔·赫尔穆斯用"在船上"来形容自己的这次旅行，这是他独创的人生哲学，他还把自己的心得分享给家人：我的人生就像一条漂浮在河上的船，我花了好几年的时间来选择一条适合我的河流。在我人生的前几十年，有的河流太快了，有的太慢了；有的太直了，有的弯太多了，但我随时可以换掉它们。而此时此刻，我在一条完美的河流上行驶，我不想划船，就让它自由地把我带到该去的地方。在这场旅行中，你们就是这条船的掌舵人，我可以为行驶中所有的消费买单，但我不想去选择任何一件事。我只想跟随你们的脚步去任何地方、做任何事。你们根本想象不到这是一种多么轻松惬意的感觉！

在与克里、莫莉和鲍勃的旅行结束后，菲尔·赫尔穆斯在2000年10月5日星期四参加了第一场资格赛，并成功晋级，成为456名参赛者中的前24名。另外两场资格赛分别在星期五和星期六的早上，最后剩下的72人将在星期六晚上参加决赛。

星期五晚上，菲尔·赫尔穆斯发现了一个大型的毕加索展览，那天晚上，菲尔·赫尔穆斯没有控制住自己，他再也不能抵御旅行和扑克的诱惑，主动过去玩了。结果也在意料之中：他又把自己累得筋疲力尽。

晚上回到住处，菲尔·赫尔穆斯倒头就睡。20小时后就要打决赛了，他必须获得充足的睡眠，才能在比赛当天精力充沛。

星期六下午5点，当菲尔·赫尔穆斯和克里、莫莉、鲍勃走进奥地利赌场时，他遇到了欧洲职业扑克玩家伦敦·阿里，这是一位给他留下好感的故人。1999年，伦敦·阿里走到菲尔·赫尔穆斯的面前并告诉他："我有强烈的预感，你将赢得扑克EM冠军。"这次，菲尔·赫尔穆斯对伦敦·阿里说："去年我没有实现你的预感，今年它可能会实现，我又要进入决赛了！"

8小时后，菲尔·赫尔穆斯打进了决赛。有件事他不说出来浑身难受："这一定是我玩过的最吵的决赛之一！"为什么这么说呢？第一，当时是凌晨1点半，比赛房间里的大部分人都已经欢呼了好久，包括克里、莫莉和鲍勃；第二，每当有人赢一局，欧洲人就会尖叫着抱住身边的朋友，就像足球比赛现场那样；第三，克里、莫莉和鲍勃都与欧洲人一样大声呼喊：哥哥加油！哥哥加油！尤其是当他赢得底池的时候，鲍勃发出了刺耳的尖叫声。

菲尔·赫尔穆斯在打比赛的时候，每隔 2 小时，他就会穿过人群，走到伦敦·阿里面前，告诉他："看来你的预感要实现了！"然后，伦敦·阿里也会配合地说："是的，你一定会赢的！"这种互动不断地为菲尔·赫尔穆斯增加获胜的信心。凌晨 4 点，菲尔·赫尔穆斯击败最后一名对手，赢得了扑克 EM 冠军，奖金是 106 250 美元！他激动地跑到伦敦·阿里面前，紧紧抱住了他，感谢他的支持！7 小时后的下午 2 点，菲尔·赫尔穆斯登上了离开维也纳的飞机。他感觉很困，想睡个觉，但由于太激动了，他压根儿睡不着。

回到家草草睡了几小时之后，菲尔·赫尔穆斯又登上了前往伦敦的飞机。这时他清醒了一点，往旁边一看，一个巨大的、美丽的冠军奖杯映入眼帘，似乎在告诉他：这一切都不是梦，他确实赢了扑克 EM 这个欧洲规模最大的扑克锦标赛冠军。菲尔·赫尔穆斯难掩心中的激动之情，哭了出来。他边哭边大声喊着，尽情表达着内心的喜悦，这时候他已经无暇去思考飞机上的人看到他这样是什么表情了，但他们一定能感受到他的喜悦！

把扑克带入新时代的孔卡相机[1]

菲尔·赫尔穆斯曾听到过关于孔卡相机在伦敦电视节目上播放无限注扑克比赛的传言。每一个看过的人都说，这将永远改变扑克世界的进程。做到这个也很简单：玩家把他们的两张孔牌面朝下放在一块玻璃上。在玻璃下面，有一个摄像机，它可以记录孔牌，然后再播放到电视上，让所有人都能看到。而在孔卡相机出现之前，电视观众是看不到选手们的手牌的。

菲尔·赫尔穆斯找来欧洲的朋友询问这件事，并很快与《深夜扑克》的制片人取得了联系。制作人邀请菲尔·赫尔穆斯参加2000年12月12日的《深夜扑克3》，他想都没想就接受了。菲尔·赫尔穆斯甚至都没考虑过这个节目本身，他只想亲身体验一下孔卡相机，最好也能从中学到点什么。

制片方给菲尔·赫尔穆斯发了好几封邮件，催促他交报名费。是的，这档节目本身就是一场扑克锦标赛，嘉宾是需要购买门票才能参加的。《深夜扑克3》系列赛

---

[1] 孔卡相机就是能够看到扑克比赛选手未展示的牌面的相机，一般安置在赛桌上。这是一种扑克比赛专用的相机。

共有9个电视节目，49名玩家。7名选手将在预赛中比赛（有7场预赛），如果菲尔·赫尔穆斯赢得了预赛，那么他就可以直接进入决赛；如果他在预赛中获得第二名，那么他将参加半决赛的预赛，在那里只有一个人能进入决赛。所以，最后的预赛将有8名选手：7名获胜者，加上1名半决赛的获胜者。

出于某种原因，菲尔·赫尔穆斯对《深夜扑克3》没有多少信心。也许他认为自己不可能在几个月内连续赢得两场欧洲大型扑克锦标赛。所以，在决定去参加比赛的同时，他也制订了一个后备计划：如果他在预赛中没有进入前两名，他就直接去意大利找妹妹克里和妹夫鲍勃出去玩。

菲尔·赫尔穆斯从来不在飞机上睡觉，因为他感觉总是睡不好，即使在国外航班上他也不睡，但他没想到这次去威尔士的长途旅行会发生什么，比如直到比赛开始他都找不到机会睡一觉。就这样,他带着《汉尼拔》这本书,在旧金山国际机场开始读,一秒都没睡过。随后,无论是在去伦敦的航班上,还是在去威尔士的公共汽车上,抑或是去酒店的出租车上,他都不曾合眼。《汉尼拔》是真的好看,他也是真的困,尤其是在那样热的室内。

菲尔·赫尔穆斯迟到了几小时才到节目现场,此时他已经累得几乎要趴下了。看到菲尔·赫尔穆斯终于来了,节目的制片人明显松了口气,他们说:"你好,菲尔,现在是下午4点,你去比赛的车5点30分出发。"

看来是没时间补觉了,好在这一个半小时可以用来运动。过去,菲尔·赫尔穆斯经常在参加重大比赛之前运动一下,他发现充分的运动可以让自己的大脑在4～5小时内保持良好的状态。当菲尔·赫尔穆斯到达演播室的时候,他看到了那里挂着的钟表,在心里盘算了一下:"我可以运动到5点,这样可以将最好的状态持续到晚上9、10点。但比赛晚上8点才开始,这对我也太不利了!"

预赛的最后一把,菲尔·赫尔穆斯出现了一些小失误,他跟了一个不好的注。好在那一把运气比较好,他最终还是赢得了第一名。很棒!这样他就可以连续睡两天了!虽然去意大利的后备计划也很好,但和赢得预赛比起来,还是现在更令人开心一些!

两天后，菲尔·赫尔穆斯坐在了决赛桌前，他立刻认出了保罗·奥特曼。1999年，正是这个人将他从扑克EM中以第九名的成绩淘汰的，当时保罗狠狠地击败了他。真是冤家路窄，这次又会发生什么事呢？除了他们两人，巴尼·船夫、马蒂·威尔逊和迈克·麦吉（六个月后，菲尔·赫尔穆斯在2001年WSOP的主赛事中与迈克决斗）也进入了决赛。

当他们打到剩下最后三人的时候，菲尔·赫尔穆斯和保罗获得了全部的筹码。保罗在小盲位跛入，菲尔·赫尔穆斯在大盲位用手牌A♠-A♣加注，保罗跟注。

翻牌发出了J♣-9♣-2♣，保罗过牌，菲尔·赫尔穆斯加注，保罗再次加注，菲尔·赫尔穆斯全下。保罗很快跟注并亮出手牌Q♣-T♦。经过激烈的战斗，菲尔·赫尔穆斯最终赢得了这场比赛的冠军以及65 000美元的奖金，高高兴兴地回家了。

菲尔·赫尔穆斯第一次使用孔卡相机就赢了冠军，这可把他高兴坏了！而且作为扑克史上跨时代的发明，孔卡相机彻底改变了扑克的面貌。为什么这么说呢？因为如果可以看到所有人的底牌，那么德州扑克真的是一个非常容易学会的游戏。换句话说，是孔卡相机让德州扑克变得简单了！在过去，当电视转播德州扑克比赛的时候，因为人们看不到选手们的手牌，所以他们很难理解这些选手到底在干什么，哪怕是厉害的解说员也一样迷惘。但是，孔卡相机令这个游戏变得简单了，观众都可以知道每个选手获胜的概率是多少，他们到底在防备什么。这让菲尔·赫尔穆斯不禁想到了扑克界那句经典格言："你可以用五分钟学会德州扑克，但需要用一辈子去掌握它。"这样，全世界的扑克迷都可以在电视上看到是谁在虚张声势，是谁在硬气跟注，他们可以一边看一边大声喊着："跟注他！跟注他！他没有好牌！"当看到自己支持的选手弃牌时，不禁发出一声咆哮："不！"

菲尔·赫尔穆斯两个月的欧洲之旅取得了重大胜利，干得漂亮！不过，他真的成了有史以来最伟大的扑克玩家了吗？他的扑克征程又将如何继续呢？

2001 年的 WSOP——王者归来

在 2001 年的 WSOP 中菲尔·赫尔穆斯终于打出了和自己实力相匹配的战绩。在 23 场比赛中,他打进了 5 场比赛的决赛,分别获得了冠军、亚军、第五名、第六名和第九名,另外再加上两个扑克锦标赛的第 15 名。

在 2001 年 WSOP 开始之前,《扑克牌玩家》杂志对美国职业扑克选手进行了投票,菲尔·赫尔穆斯被评为"世界上最佳无限注扑克锦标赛选手"。那么,大家肯定好奇第二名和第三名会是谁?莱恩·弗兰克被评为第二名,T.J. 克劳蒂尔排名第三。

然后,巧合的一幕就发生了:在 4 月 23 日那场 2000 美元买入的无限注扑克锦标赛中,菲尔·赫尔穆斯、莱恩和 T.J. 克劳蒂尔都打进了决赛。最后,喝醉了的莱恩实力爆发,在第二天的决赛中轻松击败了菲尔·赫尔穆斯和 T.J. 克劳蒂尔。

让我们回到那一天,回到 2000 美元买入的无限注扑克锦标赛开始的前一天晚上。莱恩在外面喝了整整一夜的酒,他甚至来不及补觉,就跌跌撞撞地过去打了第一天的比赛。莱恩还对菲尔·赫尔穆斯说:"菲尔,你知道我怎么赢他们吗?我和你说,只要在比赛的时候,我在桌子上对他们吹口气,就能让他们醉倒,哈哈!"

12点那场的比赛打了整整14小时,莱恩醉得连说话都颠三倒四的。此时的盲注级别已经达到了1000/2000,场上还有12人,他们只有决出前9名进入决赛的人才能停止比赛。

菲尔·赫尔穆斯注意到自己有14万个筹码,他瞥了一眼莱恩,发现莱恩还有11万个,其他四个选手分别是40 000个、28 000个、22 000个和18 000个筹码,看来很快就能打完了!醉酒的莱恩打牌越发激进了,连续好几把偷盲成功,前前后后偷了10 000个筹码。

菲尔·赫尔穆斯坐在莱恩的身边,两个人都知道彼此的厉害,他们不断互相弃牌,都表现得十分谨慎。但莱恩终究是喝多了,他开始不停地加注偷盲,可能是因为他看到对手们玩得比较紧,谁也不想盲目跟注成为第12名、第11名乃至第10名。决赛就在眼前了,大家都想着:莱恩喜欢偷盲,就让他偷吧!只要被淘汰的不是我就可以了!

就这样,莱恩快速地积累着筹码,每次所有人弃牌,莱恩就能赢得4800个筹码。尽管他如此嚣张,但其他人还是保持住了理智,如果因为一时冲动没有进入决赛,那该是多大的遗憾啊,尤其是对那几个还没进过决赛的选手而言。况且，如果能进入前三名，就可以分到很多钱，因为前三名的奖金加起来占总奖金的 40%！所以，大家都知道这时全下抓诈唬是非常不明智的，尤其是当知道莱恩一定会跟注的时候，谁也不敢赌莱恩手里是什么牌！

这时，菲尔·赫尔穆斯拿到了手牌 9-9，他试着再次加注，然后莱恩就把所有的筹码全下了。这一操作让菲尔·赫尔穆斯感到浑身发热。他很确定，莱恩已经注意到了他的愤怒，并故意激怒他。在接下来的对局中，莱恩收敛了一点，他也怕菲尔·赫尔穆斯被他气得失去理智。就这样，菲尔·赫尔穆斯也有机会去打桌上筹码少的选手。

巧合的是，莱恩和菲尔·赫尔穆斯都被泰德·福雷斯特投资了，而且他们都住在泰德家里。第一天结束后，菲尔·赫尔穆斯还兴高采烈地给泰德打电话，告诉他自己和莱恩都进入了决赛。他还贴心地告诉泰德："莱恩已经醉酒 36 小时了，你最好记得在明天上午 11 点叫醒他，好让他按时参加中午 12 点的决赛。"

菲尔·赫尔穆斯在 11 点准时醒来，几分钟后，他听到了泰德叫醒莱恩的声音，莱恩说道："我感觉好累啊，肚子也饿，我今天不想玩了！"然后泰德对他说："别哼唧了，快起来，这可是决赛啊！"莱恩一下子就清醒了过来："是吗？我这就起来！"

大约45分钟后，菲尔·赫尔穆斯、莱恩和泰德三人一起开车去了马蹄铁酒店，莱恩问进入决赛的都有谁，菲尔·赫尔穆斯告诉他："现在斯坦·戈尔茨坦的筹码领先，他可是一个难缠的对手。"莱恩显得很不屑："什么？你怕他？我几分钟就把他踢出局了，你信不信？"果然，才第三个回合，莱恩用手牌9-7在7♦-5♦-3♠的牌面上全下，此时斯坦的手牌是6♦-2♦，很明显他的胜算更高一些，但是最后莱恩以对7的微弱优势赢了斯坦，这一操作把菲尔·赫尔穆斯惊呆了！

当决赛打到剩下最后三人时，不出意外的话，他们正是人们选出的三位最强选手——菲尔·赫尔穆斯、莱恩·弗兰克、T.J.克劳蒂尔。谁说扑克是个靠运气不靠技术的游戏？如果只靠运气，为什么是这三位最强的选手打进了前三名呢？这可是由441名选手参加的比赛！最终，莱恩获得了第三名，T.J.克劳蒂尔获得了第二名，菲尔·赫尔穆斯赢得了冠军。没有交易，每个人都拿到了属于自己名次的奖金，菲尔·赫尔穆斯如愿赢得了316 550美元，以及他的第7条WSOP金手链。

10倍优势怎么会输？偏偏就输了！

之后，菲尔·赫尔穆斯又参加了另外几场扑克锦标赛，他感觉自己在那阵子都处于一个非常舒适的状态，所以他觉得自己应该还能再赢一条金手链，可惜的是最终没能如愿，尽管有过那么几次机会。比如，在5000美元买入的有限注奥马哈扑克锦标赛中，他已经打到了决赛桌最后三人，两名对手分别是波诺和斯科蒂。当波诺获得第三名的时候，菲尔·赫尔穆斯一度以为自己又要拿冠军了。

这场比赛冠军的奖金是20.7万美元，亚军的奖金是10.3万美元。菲尔·赫尔穆斯心里还想着，自己要是拿到了冠军，先拿出14万美元偿还泰德的资助本金，再分给泰德30 000多美元的利润，那么自己手里还有30 000多美元，然后他再用剩下的这些钱打别的比赛。

菲尔·赫尔穆斯还在考虑怎么分配即将到手的冠军奖金时，斯科蒂就问他要不要做一笔交易，菲尔·赫尔穆斯想都没想就拒绝了他，斯科蒂气得骂了他几句。菲尔·赫尔穆斯有点恼火，他只花了几分钟的时间就让斯科蒂的筹码减少到了14万个，他自己则增加到39.5万个。随后，在关键的一局里，菲尔·赫尔穆斯又赢了一个大底池，斯科蒂的筹码只剩 50 000 个了，但奇怪的是他丝毫不慌。菲尔·赫尔穆斯看到自己拥有 10 倍的优势后，开始同情斯科蒂，心想："这个可怜的人，被我'虐'得不轻。"但后来的事实证明，对敌人的仁慈就是对自己的残忍。

比赛开始 30 分钟左右，斯科蒂开始辱骂菲尔·赫尔穆斯，他完全不顾任何风度，把菲尔·赫尔穆斯骂得狗血喷头。这显然不是一个明智的决定，因为很多人都在看他俩的比赛，两个人的妻子也在看台上，这样显得他太小气了吧！菲尔·赫尔穆斯本可以用更犀利的话反击回去，但他还是忍住了，他决定这次做个真男人，用实际行动狠狠打他的脸！菲尔·赫尔穆斯发誓，一定要把斯科蒂的尊严碾碎做成自己的第 8 条 WSOP 金手链！

两个人打了整整 3 小时，最后终于谈了一笔 30 000 美元的交易。之后又打了 90 分钟，菲尔·赫尔穆斯竟然输了！他知道自己已经尽力了，毕竟斯科蒂在奥马哈项目上确实比他强很多，但一想到自己一度拥有 10 倍的优势却输了，他心里就非常难受。

"杀人诛心"

很快就来到了主赛事开始的这天。菲尔·赫尔穆斯还在对斯科蒂之前的过分行为耿耿于怀,正巧,他在主赛事上又看见了斯科蒂,于是就约了斯科蒂私下谈谈。两个人走到楼梯间聊天,斯科蒂真诚地向菲尔·赫尔穆斯道了歉,菲尔·赫尔穆斯也不是心胸狭窄的人,欣然接受了斯科蒂的道歉。这时候,两个人消除了隔阂,开始把注意力转移到这场主赛事上。

主赛事第二天,在这一局里,坐在大盲位的爱尔兰人迈克·马吉加注到 1500 个筹码,菲尔·赫尔穆斯用手牌 A♣-6♣ 加注到 3000 个筹码,迈克跟注。翻牌发出了 A♠-10♦-6♦,菲尔·赫尔穆斯凑出了两对,其中一对还是顶对,多么完美的翻牌!他连忙加注 3000 个筹码,迈克直接全下了所有的筹码。菲尔·赫尔穆斯是很想跟注的,但他知道自己要跟注,就必须投入所有的筹码。他开始推测迈克的牌:应该是一对 A,或者是带 A 的同花听牌,比如 A♦-9♦ 或 A♦-J♦,抑或是 K♦-Q♦ 或 K♦-J♦ 这种同时有同花和顺子听牌的牌。菲尔·赫尔穆斯坐在那里一边思考,一边微笑着,此时正好有人把这一幕拍了下来。菲尔·赫尔穆斯认为,这是他在 2001 年 WSOP 上最好看的一张照片！因为他一直都是一个脾气暴躁、紧张不安的人，而这张照片里的他，脸上挂着灿烂的笑容，对他来说真是太难得了！

菲尔·赫尔穆斯还是决定弃牌，并且把手牌亮了出来，他甚至还说了一句："干得不错，迈克，你赢了！"他从未想过迈克是什么手牌，在自己决定弃牌的那一瞬间，他就明白自己已经输了，所以对手是什么牌已经不重要了。这时，迈克突然说："我从未见过你做得这么好，我要告诉你我的手牌是什么，我的手牌是A♥-10♥。你虽然输了，但不得不说你确实做出了最明智的选择！我还以为你会跟注，所以我全下了，因为我知道你拒绝不了这样的好牌，没想到这次你还真做到了！"

主赛事第三天，打到晚上的时候，菲尔·赫尔穆斯和丹尼尔·内格雷努、迈克·马图索在同一桌，几个高手博弈了好几个小时不相上下，打得有来有回。其中有一把，菲尔·戈登在菲尔·赫尔穆斯的A-A面前放弃了K-K，而且还是翻牌前弃牌的，但菲尔·赫尔穆斯认为他这个弃牌也不算很难，换成自己也能做到。那一把，盲注级别是2000/4000，迈克开池加注20 000个筹码，这是一个明显高于常规的加注。随后，菲尔·戈登用他的K-K加注到80 000个筹码，这同样是一个非常大的加注。菲尔·赫尔穆斯看了看自己的手牌A-A，毫不犹豫地加注到52万个，这几乎是在明着告诉所有人：我有

A-A。所以菲尔·戈登放弃了自己的 K-K，菲尔·赫尔穆斯展示了自己的手牌 A-A。

戏剧性的一幕来了，本来这局胜负已分，但菲尔·赫尔穆斯却突然要求看翻牌，结果翻牌发出了 K-4-2。不用说，我们都能想象得出菲尔·戈登当时的表情，肯定比吃了九转大肠还要难受！这是什么？这就是杀人诛心啊！

当他们决出最后九人时，美国国家公共广播电台（NPR）对菲尔·赫尔穆斯进行了采访。他非常自信地告诉记者："明天，如果我赢了，我将成为有史以来最伟大的扑克玩家！"是的，因为他将成为两次赢得 WSOP 主赛事的冠军，同时拥有 8 条金手链的人，这是其他玩家从来没有做到的！不过，NPR 并不是很满意他的自负。菲尔·赫尔穆斯也不在意记者的态度，心想：我的厉害之处你们根本就不知道！

其实这也不能怪记者看不上他，第三天打到晚上的时候，每当菲尔·赫尔穆斯在靠后位置加注的时候，菲尔·戈登就会在大盲位把所有的筹码全下。这种打法是经典的"富贵险中求"，菲尔·赫尔穆斯没有勇气去赌对方是什么牌，只能不停地弃牌，在这几小时里，他被迫送给了菲尔·戈登很多筹码。

比赛很快就来到了第四天，在决赛桌的比赛中，菲尔·赫尔穆斯终于不用像前一天那么隐忍了，他受够了菲尔·戈登昨天对他的攻击，想着今天一定要好好教训他一顿！决赛桌的比赛开始2小时后，其他人都弃牌了，轮到了庄位的菲尔·赫尔穆斯，他低头看着自己的手牌9-9，基本上已经知道后面将会发生什么。他在心里已经把"剧本"写好了："我会加注，菲尔·戈登会全下，我会跟注。"事情确实是这样发生的！菲尔·戈登亮出了他的口袋6，菲尔·赫尔穆斯的口袋9是占据优势的，如果他赢了这个114万个筹码的超大底池，不仅可以淘汰菲尔·戈登这个难缠的对手，还可以获得巨大的筹码领先！

但，令他没想到的是，翻牌发出了K-7-6！这是菲尔·赫尔穆斯10年来最重要的一场比赛，命运会再次眷顾他吗？并没有。接下来的两张公共牌分别是A和8，没有影响战局。这个时候，菲尔·赫尔穆斯感觉遭受了巨大的打击，差点就站不稳了。好在他还剩下一点筹码，事到如今也只能这样安慰自己了。

终生难忘的两局

1小时后,菲尔·赫尔穆斯打出了令自己终生难忘的一手牌。当时,菲尔·赫尔穆斯的手牌是K-T,菲尔·戈登坐在大盲位。菲尔·赫尔穆斯想着是自己的牌,可以跟注,这时他后边的迈克喊了一声"跟注"。迈克似乎知道菲尔·赫尔穆斯在想什么:"菲尔·戈登是一位业余的扑克爱好者,他可从来不按套路出牌,如果我们在他前面加注了,鬼知道他会干出什么疯狂的事情来。"菲尔·赫尔穆斯本来都已经把跟注的筹码放到面前了,马上就要推入底池了,但他的大脑中突然冒出了一个想法:"迈克的底牌可能是K-Q或K-J,而我的K-T在他面前是很弱势的。"这么一想,菲尔·赫尔穆斯果断弃牌了。

翻牌发出了K-K-Q,菲尔·戈登用他的手牌Q-J加注了60 000个筹码,迈克仅仅用手牌K-J跟注了。转牌发出了T,菲尔·戈登过牌,迈克也过牌。河牌发出了4,菲尔·戈登下注20万个筹码,然后迈克又加注到40万个筹码。当菲尔·赫尔穆斯看到菲尔·戈登跟注的时候,他的眼珠子都快瞪出来了!这是多么可怕的跟注啊,他怎么敢?同时,他特别后悔自己刚才弃牌了,这可是葫芦牌型啊,是三个人里最大的牌!如果刚才没有弃牌,那么他现在就已经把海量的筹码收入囊中了。这些筹码将使他遥遥领先！但是转念一想，自己精准预测到了迈克的手牌，这还是挺让他自豪的。

总之，这一局给菲尔·赫尔穆斯留下了深刻印象，虽然有一些遗憾，但他并没有特别生气。毕竟，路是自己选的，谁知道它前面是什么样子呢？

这一局，菲尔·赫尔穆斯的左边有五个人，这是一个中间靠前的位置。这一局有四个人在翻牌前就弃牌了。菲尔·赫尔穆斯用手牌 Q-T 跛入进场（没有加注就进了翻牌圈）。翻牌发出了 Q♣-9♠-6♠，盲注的两名选手都过牌，菲尔·赫尔穆斯只加了 40 000 个筹码的小注，两名选手弃牌，卡洛斯·莫滕森再次加注到 15 万个筹码。菲尔·赫尔穆斯心里又有了想法："卡洛斯可能有两对或 Q-J，如果他真的是 Q-J，那我完全可以诈唬他。"这样想着，菲尔·赫尔穆斯果断全下了自己的 60 万个筹码。卡洛斯说："数数筹码（Count）。"但荷官听错了，就说："跟注（call）。"菲尔·赫尔穆斯一听，就去翻自己的底牌，就在他刚把底牌翻过来的时候，卡洛斯说："不，我刚才没跟注！"这一切发生得太快了，菲尔·赫尔穆斯完全反应不过来。这也是他扑克职业生涯中唯一一次在对手尚未行动的时候（几乎）暴露自己的底牌。

菲尔·赫尔穆斯赶紧用手捂住自己的底牌，卡洛斯说自己没看见。又考虑了两分钟，卡洛斯才正式决定要跟注——或许他真的没有看到菲尔·赫尔穆斯的底牌。

这个小插曲有点打乱了菲尔·赫尔穆斯的计划，本来他应该这样：如果卡洛斯没有立即跟注他，那么他就会说："哇，果然你没有两对。太棒了！"然后就开始庆祝。卡洛斯知道菲尔·赫尔穆斯打得比较紧，一般不会诈唬，更是很少去做全下诈唬这种风险极高的事情，或许他真的会弃牌。如果荷官没有说那句"跟注"，结局会不会有所不同？菲尔·赫尔穆斯想了很久也没有想出什么头绪，或许卡洛斯真的会面临一个艰难的决定，但他还是有可能会跟注的。

无论如何，卡洛斯确实跟注了45万个筹码，转牌发出了J，这让卡洛斯凑成了两对；河牌发出了一张对整个局面毫无影响的牌（扑克术语里也叫空白牌，意思是不会给任何选手带来影响的牌），最终，还是卡洛斯赢了。

菲尔·赫尔穆斯被淘汰了，无缘心心念念的2001年WSOP主赛事冠军。

泰德的钱袋子

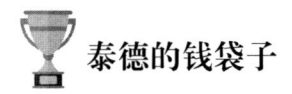

小本尼·宾尼恩（本尼·宾尼恩的孙子，他创办了马蹄铁酒店和赌场）告诉菲尔·赫尔穆斯："菲尔，我不想在你的伤口上撒盐，但如果你赢了，我们就决定立即让你加入扑克名人堂。事实上，我们会公开宣布你是有史以来最伟大的扑克玩家。"

啊！这是一个多么完美的梦啊！但它现在却那么遥不可及！顺便说一下，卡洛斯也是一位了不起的扑克玩家，他最终赢了 2001 年 WSOP 主赛事冠军，击败了泰德，并拿到了 55 万美元的奖金！后来，卡洛斯在 2016 年入选扑克名人堂。

除了这次资助菲尔·赫尔穆斯的钱，再加上属于他的利润，泰德这次一共得到了 50 万美元。他本来想早点把钱给泰德，但他们的时间总是不凑巧，于是这件事一直拖到了 WSOP 即将闭幕的时候，他们终于约好了一个时间去马蹄铁酒店管钱的地方，菲尔·赫尔穆斯打开自己的临时保险柜，里面全是筹码，他想换成一张 55 万美元的支票给泰德，但泰德坚持要现金。最后，他们只能找柜员要了一个大袋子把现金都装进去。菲尔·赫尔穆斯表示很不解，因为这些钱看起来非常多，泰德竟然想把它们就这样背走！

收银员为泰德找来了一个袋子，看起来像是一个便宜的灰色塑料行李袋，泰德把现金装进去，整个袋子变得鼓鼓囊囊的。他问菲尔·赫尔穆斯："你想去什么地方，搭车吗？"菲尔·赫尔穆斯知道泰德是希望自己陪着他去停车场，就说："当然可以。"然后两个人穿过街道，来到灯光昏暗的停车场。不知道泰德是不是有点心不在焉，他居然不记得他的车停在哪里了！

在两人离开酒店之前，菲尔·赫尔穆斯还向泰德提议从马蹄铁酒店雇一名保安护送他们，以免遭到抢劫。没想到，泰德丝毫不慌，不仅大摇大摆地背着装满现金的袋子走到昏暗的地下停车场，还直接开车回家去了，这真是一个疯狂的人！

对菲尔·赫尔穆斯来说，泰德对他有知遇之恩。泰德早在1999年就开始投资支持菲尔·赫尔穆斯，一开始菲尔·赫尔穆斯确实为泰德赚了一些钱，但他后来一直在输，在现金游戏里输了很多钱。而且在这段时间里，菲尔·赫尔穆斯还花了很多时间陪伴家人，带着妻子和孩子们出去玩，泰德在菲尔·赫尔穆斯身上的亏损一度达到了22万美元。在这段长达18个月的时间里，泰德毫无怨言，一直默默地出钱支持菲尔·赫尔穆斯，给他足够的钱来维持家庭开销。这次，菲尔·赫尔穆斯不仅在2001年的WSOP中还清了泰德投资他的所有钱，还让他额外赚了30多万美元。菲尔·赫尔穆斯心中也默默感慨："泰德的每一分钱都是他应得的！"

第八章 新的成长

感情的裂痕

2001年9月的一个晚上,凯西告诉菲尔·赫尔穆斯,她再也受不了他了,要么他改变,要么两人离婚。凯西为什么突然提出这样的要求呢?因为她发现菲尔·赫尔穆斯越来越自我了。菲尔·赫尔穆斯承认,自己确实在照顾家人方面做得不好,很多时候他都只关注自己的心情,很少考虑别人的感受。举个最简单的例子,他明明知道凯西在为别的事情烦恼,但他还是在外面开心地玩牌,不知道回家帮帮忙或者安慰一下凯西。用凯西的话说就是"我感觉受到了菲尔·赫尔穆斯微妙的'感情虐待'"。

凯西以前不知道菲尔·赫尔穆斯是这样的人吗?其实她知道,她也说过菲尔·赫尔穆斯是一颗有瑕疵的"钻石"。她以为十几年过去了,菲尔·赫尔穆斯早就应该成熟了,但菲尔·赫尔穆斯和十几年前相比几乎毫无进步。凯西对眼前这个男人非常失望。毕竟,她想和一个成熟的男人过日子,而不是和一个不懂事的小男孩过家家。

看到凯西的态度之后,菲尔·赫尔穆斯完全崩溃了,他哭了整整一个星期。菲尔·赫尔穆斯真的很爱自己的妻子和家庭。因为凯西温柔美丽有才华,不仅精神饱满、热爱生活，还自律自强、注重锻炼，甚至还是空手道黑带。菲尔·赫尔穆斯深深地迷恋着凯西，他不知道凯西离开之后他将如何继续活下去。但他也知道凯西说自己的那些缺点都是真的，这也是让他最害怕的地方！

谢天谢地，凯西在那天，甚至是那个星期都没有离开菲尔·赫尔穆斯，这给了菲尔·赫尔穆斯足够的时间去寻找解决问题的办法。其实，凯西心里也深爱着菲尔·赫尔穆斯，所以她很清楚，他们两个人都会去找夫妻关系治疗师寻求帮助，以求"治愈"他们出现裂痕的婚姻。在选择治疗师方面，他们两个人的意见非常一致：要找一位非常专业的治疗师，不能因为他们两人中某个人的魅力而偏爱一方。

同时，菲尔·赫尔穆斯也在努力地改变自己，他感觉自己从来没有这样格外注意培养自己的人格。他努力倾听凯西说的话，去积极回应她，给予她寻求和应得的同理心。不久之后，他们找到了一位很厉害的夫妻关系治疗师，并前去寻求帮助。

绝望和灵感往往是一对孪生子，菲尔·赫尔穆斯曾经在扑克世界里体会过很多次，绝望会让他迸发出巨大的力量，瞬间扭转局势。如今，菲尔·赫尔穆斯正面临着失去凯西的绝望，这种绝望让他开始持续审视自己，看到自己的缺点。菲尔·赫尔穆斯想对凯西产生真正的共情，想成为凯西可以依靠的伴侣，想一步步提高自己，成为更好的人。那么，他的婚姻是否也能像他打扑克那样创造奇迹，绝处逢生呢？

好在菲尔·赫尔穆斯在凯西面前还是有一些优点的：他很爱凯西，对她忠贞不渝，从未欺骗她，并在凯西面前展现出了一个男人应有的幽默风趣。他已经做得很好了，但现在需要做得更好，菲尔·赫尔穆斯相信自己一定能在治疗师的帮助下做到！

菲尔·赫尔穆斯很喜欢这种情感治疗方式。让自己处在一个平静、中立的环境中，所有的一切都可以被真实地反映出来。在这种环境下，菲尔·赫尔穆斯在凯西和治疗师的指引下很快就意识到了自己的问题，这就顺利迈出了成功的第一步。这次成功的治疗经验让菲尔·赫尔穆斯信心倍增，他已经在心里做好准备来改变自己。虽然菲尔·赫尔穆斯不知道是否能及时做出足够多的改变来挽救他和凯西的婚姻，但他已经下定决心去试一试，哪怕有失败的可能，他也得去试试。他宁可犯错，也不愿什么都不做！这时候的菲尔·赫尔穆斯内心忍受着巨大的煎熬。他很痛苦，但他也知道这是他再次获得成长的最佳时机，一旦放弃，凯西就真的要永远离开他了！

　　在第一次治疗后，菲尔·赫尔穆斯在凯西的帮助下总结出了自己最主要的三个问题：一是他总是在凯西教育孩子的时候大喊大叫；二是他总是以自我为中心，忽视别人的需求，尤其是情感上的需求；三是他总是主导家里的一切，而让凯西过多地去迁就他，凯西是家庭的女主人，也应该拥有对家庭的主导权！

🏆 "在家控制音量"

先说大喊大叫的问题。对菲尔·赫尔穆斯来说，重新审视这个问题是比较有趣的。菲尔·赫尔穆斯认为，他这种大喊大叫的习惯和原生家庭的交流方式有关，如果组建家庭的这两个人都来自习惯用大喊大叫去交流的家庭，那么他们就会在新家也习惯这样的交流方式，并把它看成是自然的、正常的交流方式。菲尔·赫尔穆斯有几个朋友就是这样的，他们的家庭就是这样的交流方式，所以他们在家里说话声音很大，从来不会去想这样会不会影响到别的家庭成员，尤其是那些在安静家庭中长大的人。菲尔·赫尔穆斯的原生家庭就是这种交流时说话声音很大的家庭，在他上高中的时候，每天都会很大声地和父亲讲话，他已经习惯了。所以和凯西结婚后，菲尔·赫尔穆斯从来没有考虑过这种大喊大叫会给凯西带来巨大的负面影响。凯西也是真的能忍，竟然忍了12年都没和菲尔·赫尔穆斯说过这个问题，也可能说过，但之前菲尔·赫尔穆斯根本就没听进去吧！

这个大喊大叫的问题是凯西对菲尔·赫尔穆斯的三大抱怨的重点，因为她觉得这种大声的喊叫会对家人产生很大的负面影响。每当凯西或孩子与菲尔·赫尔穆斯发生争执的时候，菲尔·赫尔穆斯就会突然提高音量，用很大的声音说话，把凯西和孩子们都吓坏了。

菲尔·赫尔穆斯从未想过自己大喊大叫的交流方式会给妻子和孩子们带来这么糟糕的体验。他决定马上开始改变自己，在说话之前先想好要注意控制音量的事情，一旦发现自己的声音提上来了就赶紧降低。

几个月后，菲尔·赫尔穆斯大喊大叫的问题已经得到了很大改观，次数已经减少到了一个月一次。几年之后，菲尔·赫尔穆斯完全改掉了这个毛病，他可能一年才犯一次，比起以前他已经做得非常棒了。这个问题的解决，也间接促成了菲尔·赫尔穆斯和凯西婚姻问题的修复。

同时，解决了大喊大叫的问题对菲尔·赫尔穆斯的扑克事业也很有帮助，他以前经常在没打好牌的时候大喊大叫，不仅让观众厌烦他，还让对手从他的情绪中掌握了更多的信息。现在他变得沉稳多了，菲尔·赫尔穆斯认为，改掉大喊大叫的毛病是一件非常正确的事情，自己的婚姻和事业也都因此变得更好了。

"家不是讲道理的地方"

在解决大喊大叫问题的同时，菲尔·赫尔穆斯也在思考如何解决第二个问题，也就是"忽视凯西的情感需求"。菲尔·赫尔穆斯认为，两个人之所以总吵架，可能是因为自己过于"直"了。他看重这件事本身的对与错，所以他很喜欢从逻辑的角度和凯西去争论一件事，哪怕凯西已经生气了，他也要坚持自己的观点。多次这样之后，凯西就会觉得菲尔·赫尔穆斯并不爱她。

菲尔·赫尔穆斯开始反思自己，为什么会变成这样？在扑克桌上，越是关键的时候，菲尔·赫尔穆斯越能保持理性。多年的打扑克的经验让菲尔·赫尔穆斯明白，只有一直保持冷静和理性，才能控制住局面，保住自己的筹码，避免被情绪控制而输掉比赛。但是，凯西却很少注意到某件事的逻辑推理，并由此产生了错误的观点。这个时候，菲尔·赫尔穆斯不但没有让着她，反而不停地追问她，迫使凯西承认自己错了。就这样，两个人的矛盾被激化了，凯西觉得菲尔·赫尔穆斯在针对她，故意让她难堪，所以她就更生气了。

在这一方面，菲尔·赫尔穆斯的成长是很慢的。直到48岁的时候,他才真正明白:在亲密关系中,谁的逻辑是正确的其实并不重要,尤其是当他用争吵时的胜利来伤害妻子感情的时候,这必将成为婚姻破裂的导火索。后来,菲尔·赫尔穆斯还读到一篇文章,上面说到哪怕是一个"翻白眼"的动作都可能会对自己的伴侣产生长达6个月的影响。

以前吵架的时候,凯西总是和菲尔·赫尔穆斯争论,并列出为什么她是对的。而菲尔·赫尔穆斯不认同她的观点,就会从那些观点中找出破绽并加以攻击,而凯西就会被菲尔·赫尔穆斯牵着鼻子走。争论到最后,凯西的观点虽然是对的,但她在争吵过程中被菲尔·赫尔穆斯抓住了破绽,所以总是争论不赢。菲尔·赫尔穆斯还经常拿吵架的事跟凯西开玩笑说:"当凯西情绪激动的时候,她就会说'一加一不等于二'。"

争吵的时候,两个人都特别激动,菲尔·赫尔穆斯总是沾沾自喜,确信自己的逻辑就是对的。他翻着白眼,不停地嘲讽凯西,坚持自己的观点。但他不知道,他这样做已经严重伤害到了凯西的心灵,有时他自己还会觉得很委屈:"为什么凯西就是不承认她说得不对呢?"

找出凯西论点中的破绽已经成为菲尔·赫尔穆斯的习惯，如果凯西不是刻意否认，她就会马上承认自己说错了。但因为菲尔·赫尔穆斯翻了白眼，这让她感到非常不爽，她就进入了自我保护状态，对于菲尔·赫尔穆斯的逻辑一概不听，并且感到很伤心："他为什么要这样欺负我呢？就不能让让我吗？"长此以往，这种争吵消耗掉了凯西对菲尔·赫尔穆斯的爱意。实际上有时菲尔·赫尔穆斯心里是认同凯西的观点的，但他还是忍不住想抬杠。

显然，菲尔·赫尔穆斯太痴迷于吵赢了，客观地说，在他的职业习惯中，获胜与逻辑思维和演绎推理都很重要，但这种胜负欲不应该用在自己的家人身上。

后来，两个人制定了一个规则：在争论开始的时候，凯西和菲尔·赫尔穆斯要先沉默 20 秒才能回应。在这 20 秒之内，菲尔·赫尔穆斯会认真思考自己过会说的话会给凯西带来什么影响。这样，他就可以避免张嘴就说出带刺的话了！当两个人的争吵有失控的迹象，并且其中一个人已经发出"停止"信号时，两个人就必须马上闭嘴。在实践中，菲尔·赫尔穆斯发现这一招真的很好用。

"凯西做出了很大让步"

在两个人的关系上,治疗师巧妙地提出了一个"关系盒子"的概念:可以把两个人的关系看成在一个盒子里两个人分别占据多大的空间。凯西、菲尔·赫尔穆斯和治疗师经过讨论之后,一致认为菲尔·赫尔穆斯占据这个盒子的70%。俗话说"婚姻并不是1+1=2,而是0.5+0.5=1"。现在,凯西只剩下了30%的自己,而菲尔·赫尔穆斯却有70%。很明显,菲尔·赫尔穆斯之所以在这段关系中感觉非常舒适,是因为凯西为他做出了太多的让步和牺牲。现在,他们终于意识到这个问题了,那么接下来就需要去解决它。

于是,菲尔·赫尔穆斯开始尽可能地在生活中为凯西做出更多的让步。比如,晚饭让凯西选择去什么地方吃,而在过去的12年里,基本上都是菲尔·赫尔穆斯选择自己喜欢的地方去吃饭。

菲尔·赫尔穆斯也在反思,为什么这么多年自己一直心安理得地享受着凯西的让步呢?后来,他大概想到了原因:

"我是家里的主要经济支柱,而且我的精神状态对我的事业影响很大，所以凯西为了让我保持良好的精神状态，默默承受了一切。多年来，我一直努力成为伟大的职业扑克牌手，并逐渐成为扑克领域的焦点人物。全世界都在关注我，粉丝们让凯西和我拍照的时候，也是把我当作关注的中心。这让我习惯了把自己当成中心去思考一切，所以才会对凯西缺乏同理心，并在潜意识里认为她的付出和让步是理所当然的。我变得如此自私自满，就连安静下来听凯西说三分钟的话都做不到，每当她向我倾诉的时候，我都会非常大男子主义地告诉她'没事，一切都会好起来的'，却从来没有认真倾听她的心声，也没有什么安慰的话，哪怕我知道她现在需要的仅仅是我的安慰罢了。"

之后，菲尔·赫尔穆斯开始努力改变自己，他全神贯注地听凯西讲话，并尽力表达对她的同情。但是，他发现自己的思绪很难平静下来，坚持不了一会儿就开始想东想西了。为了让自己保持专注，菲尔·赫尔穆斯在凯西说话的时候坚持盯着她看，这样就可以避免自己走神了。不然，他真的很容易转移注意力，甚至突然转移了话题。

在扑克事业上，菲尔·赫尔穆斯的这个毛病对他是非常有利的，他可以随时看到牌桌上的一切。比如在九人桌上，其中一名选手没有下注，他就能马上注意到是谁。而且，他真的可以注意到每个人说的下注和实际扔出去的筹码的不同,所以他很容易就能发现是谁在作弊,谁少放了筹码。

这种眼观六路的能力可能在扑克桌上很受用,但在人际关系中,它的存在简直就是噩梦。毕竟,谁也不想和一个一直东张西望、看起来不尊重自己的人深入交往。好在菲尔·赫尔穆斯及时意识到了这个问题,一切都还不晚!

经过16个月的情感治疗,效果还是很不错的,即使前几个月很艰难,菲尔·赫尔穆斯和凯西的夫妻关系又重新变得亲密了起来。菲尔·赫尔穆斯更是为自己能够成功蜕变感到高兴,他不断地对身边所有人说:"是凯西让我成长了!"菲尔·赫尔穆斯的内心终于成熟了起来。这个时候,他感觉自己即将突破某种境界,又要走向新的人生阶段了!

成长的延伸

九个月后的一天晚上,菲尔·赫尔穆斯和约翰·波诺进行了一次交谈。两人聊得好好的,波诺突然哭了起来!这一下子让菲尔·赫尔穆斯手足无措,他赶忙问波诺怎么了,波诺却说:"我没事,我只是很高兴。这是你第一次认真听我说话,这是我第一次觉得你真的听到了我的声音!"

这让菲尔·赫尔穆斯意识到,自己在改善亲密关系的同时也改善了自己的人际关系,让自己变得更好了。菲尔·赫尔穆斯高兴地笑了起来,他知道自己的的确确成长了,成了一个懂事有担当的大男人。他也相信,自己的成长一定会让他的扑克事业变得更好。

在 2002 年的 WSOP 中,菲尔·赫尔穆斯打进了一个奥马哈的决赛桌,同时在另一个只有 29 人报名的 2500 美元买入的德州扑克比赛中也打得不错。在这个德州扑克的第一轮比赛中,菲尔·赫尔穆斯吸引了梅尔·韦纳的注意力,当时的 WSOP 管理者马特·萨维奇在这场比赛中玩得很开心,他说:"韦纳对上菲尔·赫尔穆斯,这下有好戏看了!"菲尔·赫尔穆斯听了感到很得意,他觉得自己作为扑克界的明星，被人注意到是一件非常有面子的事情。

很快，这场比赛就打到了剩下最后八人，有传言说这场比赛最终是陈强尼对战菲尔·赫尔穆斯。果不其然，在半决赛中，菲尔·赫尔穆斯击败了汤姆·麦克沃伊，而陈强尼则击败了迭戈·科尔多韦斯。现在，菲尔·赫尔穆斯和陈强尼为争夺2002年WSOP金手链再次对决！

又到了创造新纪录的关键时刻！菲尔·赫尔穆斯正在为他的第8条金手链而努力。如果他赢了，他的金手链数量就可以超过扑克教父道尔·布朗森，成为史上第二。史上第一是拥有9条金手链的约翰尼·莫斯，但他1995年已经过世了。陈强尼也在努力，想要赢下自己的第7条金手链。除了金手链，陈强尼还是WSOP史上最大的奖金收入赢家，他在WSOP中的收入超过了300万美元，T.J.克劳蒂尔以286万美元紧随其后，而菲尔·赫尔穆斯则以280万美元的收入排名第三。如果这次能打败陈强尼，菲尔·赫尔穆斯将离史上第一的奖金排名更近了！

那年的WSOP边赛的时间安排得比较奇怪，选手们只能自己决定何时开始比赛。有时候，一些选手会在提前约定好时间的情况下再迟到1小时过来比赛，有的选手甚至会因为时间冲突而缺席边赛。所以，那年的边赛断断续续打了两周，并一直持续到最后一场比赛，即WSOP 的主赛事。

菲尔·赫尔穆斯在那年的 WSOP 主赛事中虽然取得了比较好的成绩，但还是没有拿到冠军。在主赛事失败后，WSOP 主办方告诉菲尔·赫尔穆斯，他和陈强尼的对战必须决出个胜负。由于那时的媒体都非常忙，所以他们也就无须在镜头前比赛，两个人就干脆去酒店玩了，反正在比赛区打牌也没什么人来采访。

菲尔·赫尔穆斯感觉很累，他的体力已经达到了极限，他特别想把这场决赛推到第二天。但第二天是 ESPN 主赛事决赛的日子，所以 WSOP 的工作人员告诉菲尔·赫尔穆斯，他今天必须把这场比赛打完。菲尔·赫尔穆斯只睡了一小会儿午觉，就过去比赛了。

虽然菲尔·赫尔穆斯不停地抱怨比赛的时间安排，但他不得不承认，陈强尼却能把自己的时间安排得很好。他在 2002 年 WSOP 中的几场边赛都取得了不错的成绩，四次进入决赛，分别获得了第二名、第三名、第五名和第八名，整个人的状态非常饱满。陈强尼趁着菲尔·赫尔穆斯很疲劳，快速开始了比赛。陈强尼不断地加注再加注，而菲尔·赫尔穆斯默默等待着比较好的手牌。基本上，在没有牌的情况下，他很少加注，让陈强尼赢了很多小底池。然后，当菲尔·赫尔穆斯拿到比较好的手牌的时候，他就会假装自己没牌，让陈强尼试图诈唬他，然后他再反手跟注陈强尼。

两个人的比赛是真正的高手对决，双方打得有来有回。比赛开始45分钟后，陈强尼已经赢得了65%的筹码，不过菲尔·赫尔穆斯也有反制他的办法，那就是玩大牌赢大底池。这样持续了一阵子，陈强尼也发现了有点不对劲，于是他开始改变自己的战术。菲尔·赫尔穆斯丝毫不慌，直接和陈强尼对抗。

这时菲尔·赫尔穆斯有28 000个筹码，而陈强尼则有52 000个，他们打了这么一手牌：菲尔·赫尔穆斯用J-9在按钮位加注700个筹码，陈强尼加注到2200个筹码。菲尔·赫尔穆斯很想本着"是时候发挥了"的精神把下注超过陈强尼，虽然这样玩并不是他的风格，但他这次很想向陈强尼主动出击！翻牌是K-J-9彩虹面（没有相同花色的牌），陈强尼加注2000个筹码，菲尔·赫尔穆斯击中了两对，他考虑了很久应该怎么玩：陈强尼应该会和他打K-Q、K-10、A-K、A-A，甚至是Q-Q，他想从陈强尼的表情中看到什么，但他不说话也不做表情，那么这里他到底是跟注还是加注呢？

最后，菲尔·赫尔穆斯认为陈强尼不会用K-J、K-9或Q-10再次加注。于是，菲尔·赫尔穆斯心一横，加注到8000个筹码，陈强尼直接全下，菲尔·赫尔穆斯跟注全下。陈强尼翻出了手牌K-K，菲尔·赫尔穆斯想死的心都有，游戏到此结束！他打得太激进了，为此，他感到十分后悔。

对菲尔·赫尔穆斯来说，这真是糟糕的一天！他输了 WSOP 主赛事，失去了离自己这么近的金手链。

第二天，ESPN 的制片人邀请菲尔·赫尔穆斯走进展台，和加布·卡普兰一起对 WSOP 主赛事的决赛桌发表评论。菲尔·赫尔穆斯同意了。

这里，有必要讲一点背景故事。在 WSOP 开始的第三天，罗伯特·瓦科尼——一个来自纽约的业余扑克选手——在一局大底池的比赛中打败了菲尔·赫尔穆斯。在这个大底池里，罗伯特用 Q-T 加注，菲尔·赫尔穆斯用 A-K 再次加注，罗伯特全下所有的筹码。为了赢下堆积如山的筹码，菲尔·赫尔穆斯闻到了胜利的味道，他知道对手的牌并不好，于是用自己的大部分筹码跟注。当罗伯特亮出 Q-T 的手牌时，整张桌子的人都在说："这家伙到底在做什么？"毕竟，在 WSOP 主赛事上，从来没见过哪个玩家会用 Q-T 全下筹码（42 个大盲注）！一般只有手牌 A-K 或 A-A 才会这么做。令人没想到的是，翻牌发出了 A-Q-T，对手这是什么运气啊！总之，菲尔·赫尔穆斯输掉了那个大底池，而罗伯特则顺利打进了决赛桌。

在决赛桌看到罗伯特的时候，菲尔·赫尔穆斯就知道，他一定会很快输掉的，也一定会在很短的时间里就把筹码白送给别人。他刚这么想完，罗伯特就用手牌A-A输掉了大部分的筹码。于是，菲尔·赫尔穆斯告诉制片人："刚才他还没输筹码的时候，我就想跟你说，如果罗伯特赢了冠军，我就剃光头。但是我现在说得有点晚了，毕竟罗伯特刚刚输了这么多的筹码。"制片人却说："不要紧，你坚持自己的观点就好。"菲尔·赫尔穆斯刚才说的这番话被直播的摄像机录了下来，并且被转播了出去。

菲尔·赫尔穆斯十分确定有人把他刚才说的话告诉了罗伯特，因为他生气了！此后不久，罗伯特的筹码翻了一番，然后又翻了一番。当他们打到剩下最后三人时，有人告诉了聚集在一起的人群菲尔·赫尔穆斯刚才说的话，他们开始高喊："剃掉菲尔的头发，剃掉菲尔的头发，剃掉菲尔的头发！"这种口号一直持续着，直到罗伯特赢得了WSOP主赛事。这时，菲尔·赫尔穆斯站了出来，在人群、媒体和ESPN面前剃了光头。菲尔·赫尔穆斯剃头一事成了ESPN的节目热点，还被上传到了YouTube。

说真的，菲尔·赫尔穆斯心里还是不服，他觉得罗伯特作为一名业余扑克选手，扑克水平就是很差，他告诉全世界这个事实难道不是应该的吗？然而，谁能想到最后的结果不是他预言成真，而是他们在ESPN上展示菲尔·赫尔穆斯被剃了两分钟的头发！

2002年的6月至12月，菲尔·赫尔穆斯总共进了10场比赛的决赛桌，包括蓬勃发展中的WPT的两场决赛：第一个是在自行车俱乐部，他获得了第八名；第二个是在旧金山，他获得了第四名。菲尔·赫尔穆斯认为，WPT一定会让扑克有很大的发展，于是他决定在即将到来的扑克浪潮之前写一本书。从现在的角度来看，菲尔·赫尔穆斯精准推测出了2003年开启的扑克浪潮，简直就是一名预言家！

在新千年的头四年里，菲尔·赫尔穆斯在扑克锦标赛中非常火，因为他在这几年里频繁参加扑克锦标赛，一共打进了51次决赛，并赢得了11个冠军。但是，他还没有成为历史上赢得WSOP金手链数量最多的人。2003年的WSOP开启之前，传奇人物道尔·布朗森有8条金手链（扑克大师约翰尼·莫斯有9条），陈强尼和菲尔·赫尔穆斯每人有7条。

在2003年4月23日的WSOP中，菲尔·赫尔穆斯在底池限注奥马哈扑克锦标赛中获得了第12名。世界扑克冠军道尔·布朗森赢得了他的第9条金手链，与约翰尼·莫斯的金手链数量一样多！多么传奇的人物啊！菲尔·赫尔穆斯心里感叹，并想着自己有朝一日一定也能成为传奇人物！

仅仅三天后，在2500美元买入的WSOP有限注德州扑克比赛中，菲尔·赫尔穆斯击败了194名选手，赢得了冠军，拿到了他的第8条WSOP金手链。陈强尼也不甘示弱，在5000美元买入的比赛中打败127名选手，赢得了那场比赛的冠军！在WSOP开始的第一周，菲尔·赫尔穆斯、道尔·布朗森、陈强尼都赢得了金手链，但他们还没有决出最终的胜负！现在的WSOP金手链数量：约翰尼·莫斯9条、道尔·布朗森9条、陈强尼

8条、菲尔·赫尔穆斯8条。

就在第二天,菲尔·赫尔穆斯进入了1500美元买入的奥马哈扑克锦标赛决赛,当他尝试赢得冠军时,他失败了,只获得了第三名。然后,在5月8日,陈强尼再次出击!陈强尼在由94名选手参加的比赛中赢得了5000美元买入的奥马哈扑克锦标赛。媒体都在疯狂报道这件事!现在的WSOP金手链数量:陈强尼9条、约翰尼·莫斯9条、道尔·布朗森9条、菲尔·赫尔穆斯8条。两天后,菲尔·赫尔穆斯进入了3000美元买入的扑克锦标赛决赛,但是很不幸,他仅以第六名的成绩结束了比赛。

5月15日,菲尔·赫尔穆斯终于打败了398名选手,把第9条WSOP金手链带回了家!获得第三名和第二名的分别是埃里克·塞德尔和即将崛起的扑克新星丹尼尔·内格雷努。

2003年的WSOP结束后,他们几个人的金手链数量都是9条,但他们之间的"战争"远远没有结束!

两个月后,道尔·布朗森在自行车俱乐部赢得了WPT冠军。

背叛与宽恕

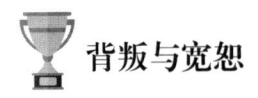

2003年11月10日,菲尔·赫尔穆斯接到了一个奇怪的电话。他所代言的在线扑克网打电话给他,告诉了他一个消息:他资助的一个玩家的账户最近发生了一些不寻常的事。显然,这个账户在和另一个账户打假牌,把钱故意"送"(输得过于明显)给了对方,损失了28 000美元。

菲尔·赫尔穆斯一直在资助一个著名的扑克玩家。这个玩家在网上为菲尔·赫尔穆斯赢了很多钱,但是这次他却从账户里转走了28 000美元,其中14 000美元是菲尔·赫尔穆斯的钱!如果他不是为了节省3美元的手续费,继续和他的对手(显然是他的兄弟)打牌,这件事就没有人知道了。但他们为了节省3美元的费用,直接使用了"送筹码"的方式,不仅偷走了菲尔·赫尔穆斯的14 000美元,还留下了痕迹。显然,这些钱已经被转移了,无法追回。菲尔·赫尔穆斯觉得自己被朋友出卖了!他的心有点痛。那么,该如何处理这件事呢?

菲尔·赫尔穆斯感到很沮丧,也不愿相信自己遭到了背叛。那个人怎么能偷他的钱呢?他如果真的缺钱,完全可以给菲尔·赫尔穆斯打一个电话："你可以再给我10 000美元吗？我现在真的很需要现金！"菲尔·赫尔穆斯一定会给他的，可是现在，那个人却欺骗了他。

菲尔·赫尔穆斯当即给一个好朋友打电话说了这件事，朋友说："你炒了他吧，记得把所有的证据都甩到他脸上！他一定会非常痛苦、非常愧疚！"是的，菲尔·赫尔穆斯可以这样做。但这样一来，所有人都能看到这件事，这个犯了错的玩家将遭到众人的口诛笔伐，就此身败名裂，而菲尔·赫尔穆斯将作为完美受害者被同情。

在经过1小时的内心挣扎之后，菲尔·赫尔穆斯做了一个关键的决定，并使其受益一生。那是晚上7点，菲尔·赫尔穆斯一把抱住凯西，并告诉她：

"亲爱的，我们现在去湾区最贵的餐厅，买一瓶他们那里最贵的酒。我们的生活是幸福的，我想专注于这一点，继续享受它。如果有人做了对我不利的事情，我也不应该因为他们而影响我们现在的幸福生活。所以，我决定原谅这个人，而不是去毁掉他。"

菲尔·赫尔穆斯说到做到，他先是给网站打了电话，告诉他们自己的想法："这件事算了吧，我和他开战也不会有什么好的结果。我无法站在他的立场，也想象不到他面临了怎样的境遇，或许他真的遇到了困难才会做出这种事。"随后，他又给那个人打了个电话，并告诉他，自己已经知道了一切，只要他把钱还回来就可以了，自己会原谅他，不再追究此事。那个人听到菲尔·赫尔穆斯这么说，感动得痛哭流涕，他一遍遍地请求菲尔·赫尔穆斯原谅他，并发誓以后再也不会做这种事了！

1999年，菲尔·赫尔穆斯和凯西在一次静修会上学习到了佛教教义，他很喜欢佛教里"宽恕"的概念。原谅别人，实际上是在为自己积攒福报，别人的错误是他为自己造下的业，自有因果去找他。我们自己要做的是做好自己，用宽恕、善良、救赎这种美好的品质为自己种下善的因，并等待善果的到来即可。所以，菲尔·赫尔穆斯原谅了犯错的人，不仅避免了自己被消极情绪影响，还给自己种下了好的因果。

当菲尔·赫尔穆斯晚上躺在床上的时候，他闭上眼睛沉思着。他为自己能够对犯错的人表现出善意感到开心，他感觉自己那种因朋友背叛而产生的消极情绪已经消失了，更多的是对生活和周边的人的爱。

几天后，菲尔·赫尔穆斯飞往东海岸参加WPT。星期五，菲尔·赫尔穆斯在走廊上正好遇到了那个背叛他的扑克牌手，他正在和别人开派对。那个人显然被震惊了，有点不知所措，而菲尔·赫尔穆斯只是微笑着和他握了握手。三天后，菲尔·赫尔穆斯在WPT打到了决赛桌，他这次打得很好，最后拿到了第三名，同时还赢了

281 700 美元。

菲尔·赫尔穆斯先是原谅了偷他的钱的人，然后在一周之内赢回了 20 倍的钱，仿佛冥冥中一切自有注定！就算是小说也很难编出来这种剧情，但它却真实发生了。如果他当初把这件事闹大，发在网上，那么现在他可能还在把更多的精力放在互联网争论上，他和在 WPT 中遇见的每一个人抱怨这件事，那么他就不一定能保持这么好的状态，赢这么多钱了。

那位选手后来怎么样了呢？他被菲尔·赫尔穆斯的宽容深深感动了，不仅把钱全还给了菲尔·赫尔穆斯，还成了菲尔·赫尔穆斯坚定的追随者和"保护者"。为什么是"保护者"呢？因为后来这位选手只要和菲尔·赫尔穆斯坐在同一张桌子上比赛，如果有人攻击菲尔·赫尔穆斯，他就会主动维护他。这就是菲尔·赫尔穆斯坚信宽恕的理由，它让菲尔·赫尔穆斯的心灵更加纯净，并消除了世间大多数的仇恨。这就是成长之后的菲尔·赫尔穆斯，他已经成为一位令人尊敬的伟大的人。

第九章 职业的黄金时代

刊登在《纽约时报》上的畅销书

菲尔·赫尔穆斯在1987年就写下了那份目标清单，到了1990年，他已经实现了其中的大部分目标。直到2002年，他还有一个目标没有实现，那便是写一本可以刊登在《纽约时报》上的畅销书。随着时间的推移，这个心愿已经成了他的一个心结。菲尔·赫尔穆斯觉得这本书应该是他的自传，最好能登上《纽约时报》畅销书排行榜。其实他从1988年就开始断断续续地写自传了，只是一直没有公开发表。

在2002年初，WPT被宣布正式成立。这个新的WPT将包括12场扑克锦标赛，这就表示将有12场好戏在这个大型扑克锦标赛中上演，每一张决赛表都会出现在电视台的旅游频道上，并引起公众的讨论。毕竟，有100万美元的奖金池在等着他们！

想到这里，菲尔·赫尔穆斯认定从2002年开始一定会有一大波扑克浪潮席卷世界。在人们发现这个浪潮之前，他应该写一本书。但是转念一想，他是不是太年轻了？毕竟2002年的菲尔·赫尔穆斯才38岁，这么年轻就出自传，难道老了之后再写续集吗？他有足够丰富的经历来充实这本自传吗？如果这是一本介绍扑克策略的书籍会不会更好一些？其实在扑克界这么多年，菲尔·赫尔穆斯很想写一本关于扑克策略的书，就像道尔·布朗森的《超级系统》那样，为此他还特意列出了大纲。但他知道肯定不如《超级系统》，所以一直没有勇气开始。

如果要写一本关于扑克教学的书籍，菲尔·赫尔穆斯认为可以先写一本入门的书，教教初学者。毕竟全世界有几十亿个初学者（不一定真有这么多），但真正的扑克专业人士只有几千个。菲尔·赫尔穆斯想为每个喜欢扑克的人写一本关于扑克的书，而不是像其他大多数扑克书的作者那样只为职业扑克玩家而写。菲尔·赫尔穆斯希望这本书可以让初学者和经验丰富的老手都能从中受益，并且书中的知识要覆盖现金游戏策略和锦标赛策略，最好能覆盖每一个流行的扑克类型。菲尔·赫尔穆斯知道自己的书一定能卖出很多，怎么说自己现在也是世界上最火的职业扑克牌手之一，肯定会有很多人愿意为他的书买单。不过，很多人愿意买他的书，不代表这本书就一定会成为《纽约时报》的畅销书，菲尔·赫尔穆斯宁愿相信自己在做梦，也不太相信自己能做到让这本书如此成功。但是，有梦想总是好的，只要在即将到来的扑克浪潮出现之前把书出版了，至于会发生什么，谁又知道呢？

所以，当菲尔·赫尔穆斯的经纪人谢莉·比科夫斯基帮他向哈珀柯林斯出版社提交了一份书籍出版立项报告后,哈珀柯林斯出版社给他发出了一个乐观的邀请,详细说明了出版社将如何在当地书店用海报来宣传这本书,并确保菲尔·赫尔穆斯能因这本书而参加全美知名的大型电视节目,比如《今夜秀》。就菲尔·赫尔穆斯个人而言,他并不关心自己为出版这本书花费了多少钱,他也不在乎这些钱,他更想要那笔真正属于自己的版税。如果这本书卖得好,自己就可以很快回本,并赚到一大笔的版税。但是谢莉告诉菲尔·赫尔穆斯,大多数书都回不了本。哈珀柯林斯出版社开价 35 000 美元,虽然出书费的预付款有点多,但菲尔·赫尔穆斯和谢莉很喜欢他们发出的邀请,最终菲尔·赫尔穆斯还是欣然接受了。

菲尔·赫尔穆斯接受了哈珀柯林斯出版社那边的提议,并同意在 2003 年 1 月 30 日之前交稿,这样就可以在 2003 年的 WSOP 期间出版。后来,哈珀柯林斯出版社的马修·本杰明成了菲尔·赫尔穆斯这本书的责任编辑,他直接建议菲尔·赫尔穆斯修改大纲。

本杰明修改大纲的建议让菲尔·赫尔穆斯有点不高兴,因为他心中已经有了这本书的样子,包括它的目录、正文、附录等。好在本杰明要求他修改的地方很少,菲尔·赫尔穆斯勉为其难地同意了。几个月后,本杰明又建议他修改大纲,菲尔·赫尔穆斯看到那个建议后就笑了,因为一开始本杰明要求他把这一节移到后面,现在又要求他移到前面，实际上还是原来的位置。这样一来，这本书就和菲尔·赫尔穆斯期望的一模一样了，甚好甚好！

本杰明还建议给这本书起名为《像专业人士一样玩扑克》，菲尔·赫尔穆斯觉得这是一个精彩的书名，非常喜欢。这样一来，书的名字就有了！

这本书要在2003年4月之前出版，这样才能赶上当年的WSOP，时间紧迫，可书的内容八字还没一撇呢。看着时间一点一点在流逝，菲尔·赫尔穆斯心里慌得不行，他开始质疑自己，真的能按照约定时间交稿吗？菲尔·赫尔穆斯其实很了解自己要写的这些专业性的东西，这些游戏的基本玩法和高级策略对他来说都是信手拈来的东西。但他真的被10万字的任务量吓到了，尤其是两个月内写10万字！（因为12月和1月他要预留出足够的时间去比赛，所以留给他写书的时间只有两个月。）到了10月底的时候，菲尔·赫尔穆斯感觉自己顶不住这么大的压力了，他给自己的职业作家朋友安迪·格雷泽打了一个电话，请求他的帮助。安迪是个非常可靠的人，他很快就同意帮助菲尔·赫尔穆斯撰稿，并立即行动。但很不巧，安迪突然病了，短时间内也难以痊愈，菲尔·赫尔穆斯只能硬着头皮自己来写。于是，他又重新投入自己的精力来写他的第一本书。

在这本书写了有一周之后，菲尔·赫尔穆斯突然决定放弃这周写的这5000字，重新开始。因为他发现他的扑克策略是与选手的类型紧密相连的，他不可能抛开选手的类型来谈某个扑克策略。所以，他的书最前面的部分一定要概述这些选手的类型。那么，如何给这些选手归类呢？这可难不倒聪明的菲尔·赫尔穆斯，他很快就想到了办法：用动物名称给选手归类，不仅生动形象，还好记！而且他只用该动物的优点来概括选手的类型，读者在代入自己的时候也不会感到不适。

菲尔·赫尔穆斯把选手的类型分为五种：老鼠、豺、大象、狮子、鹰。其中，超级松的选手是"豺"，喜欢跟注的选手是"大象"，超级紧的选手是"老鼠"，喜欢做大底池的选手是"狮子"，排名世界前五十的强悍选手是"鹰"。有了这个参照框架，菲尔·赫尔穆斯感觉自己的写作工作顺利了很多，他可以彻底放飞自我了。

菲尔·赫尔穆斯感觉自己在写书的时候思维特别跳跃，比如这一章写了一部分，他突然在其他地方有了灵感，于是又去写另一章的某一节。他也不知道这是怎么回事，有时候他睡觉的时候，灵感还会出现在梦里。好在他的灵感持续不断，这让他一直都有东西可写，这样书稿的进度也慢慢赶上去了。

在写这本书的时候，菲尔·赫尔穆斯一般会在睡觉之前，先在大脑中规划好第二天要写的东西，有时还会具体到细节，这样他第二天的写作速度就快多了。一开始他还会用纸和笔把这些细节记录下来，但是一两个星期之后，他开始尝试用大脑去记住它们。

所以，每天菲尔·赫尔穆斯醒来的时候，大脑的思绪就会自动来到昨天晚上记录的灵感处。此时的菲尔·赫尔穆斯不会和任何人说话，无论是凯西还是孩子们，哪怕是咖啡馆的服务员，他都通通不理睬！相反，他在找好座位之后，会用最快的速度打开笔记本电脑，去写下前一天晚上大脑中想象的所有细节。他必须争分夺秒地做完这一切，不然就会忘记。菲尔·赫尔穆斯把这种状态称为"写作模式"。

不过，菲尔·赫尔穆斯的这种"写作模式"有一个缺点，就是他会自动屏蔽时间的流逝。每当他早上好不容易在咖啡馆点了早餐之后，烦人的服务员还要问他是否想要更多的食物时，他都会迅速回答"不要了，谢谢"，只为摆脱他。随后，菲尔·赫尔穆斯就进入"写作模式"全身心地写作。他感觉才过去了一小会儿，那位服务员又来问他。同样，为了摆脱他，菲尔·赫尔穆斯就说："不，我不走。"然后，这个服务员就说："你现在必须买单了，因为我下班了。"菲尔·赫尔穆斯心里咯噔一下："什么？这人刚上班就要下班了？"然后一看时间，好吧，已经中午了。他只能赶忙道歉，并支付账单，同时给服务员送上一笔小费。然后，继续从下一个服务员那里点餐。当菲尔·赫尔穆斯"雕刻"每个词，并以每天1500字的速度敲击它们时，他感觉时间过得飞快。

经过两个月持续不断的工作，菲尔·赫尔穆斯的书稿已经有了 98 000 字，其中 88 000 字是他自己写的，另外 10 000 字是安迪·格雷泽病好了一些之后写的。现在书稿已经基本完成，菲尔·赫尔穆斯特意雇了一位资深编辑比尔·卡弗来帮他润色。在比尔的帮助下，菲尔·赫尔穆斯感觉自己的文字变得闪闪发光！他尤其喜欢比尔把"auger"（螺旋钻）这个词用到扑克游戏中，因为这个词太生动形象了。比尔是一个认真负责的人，菲尔·赫尔穆斯给了他一本 300 页的干净的白纸黑字，他用他的红笔在上面圈圈画画，认真修改，把这本书改得到处都是红墨水标记，看起来就像一个 1 岁小孩涂画的那样。菲尔·赫尔穆斯心想："比尔在我的初稿上一定用了整整一瓶红墨水！"比尔所修改的每一个地方，菲尔·赫尔穆斯都会认真检查，否则有可能修改过的文字会改变他的原意。因此，这件事情必须由他亲自来完成，最后他花了整整 100 小时，令他痛苦无比！

满篇的红墨水？不至于吧？可能有人会怀疑菲尔·赫尔穆斯所说的话的真实性，但实际上他一点也没有夸张。虽然菲尔·赫尔穆斯很会讲故事，也很懂扑克策略，但他上学时的学习成绩并不好，英语课和写作课一塌糊涂，就连 B 的成绩都从来没有拿到过。如果真把他写的东西出版了，这种文笔会被人笑死的。好在有比尔的帮助，菲尔·赫尔穆斯终于在截止日期之前提交了他的书稿。

菲尔·赫尔穆斯在后来的采访中总是提起令他陶醉的那一幕：那是2004年8月，当他接到电话时，他就在圣塔莫尼卡的洛斯酒店外面。那是马修·本杰明打来的，他说："你现在在哪里？"菲尔·赫尔穆斯说："我在圣塔莫尼卡的洛斯酒店。"马修说："《像专业人士一样玩扑克》刚刚进入《纽约时报》畅销书排行榜！我们要送一瓶昂贵的香槟到你的房间。"当听到这个消息的时候，菲尔·赫尔穆斯整个人都惊呆了！他高兴得蹦了起来，像个孩子一样开心，他的一大人生目标实现了！他兴奋地在房间里踱步，感受到了巨大的鼓舞。这个成就让他昂首挺胸了好几个星期！

后来，有一名选手在WSOP中玩1500美元买入的七卡螺柱扑克锦标赛，还打进了决赛桌，他在接受ESPN

采访的时候,拿着那本《像专业人士一样玩扑克》说:"我甚至不知道怎么玩七卡螺柱这个游戏,但我在飞往拉斯维加斯的飞机上读了菲尔·赫尔穆斯的这本书,后来我就打进了决赛。"最后,这名选手虽然没有赢得冠军,但他的推荐还是为《像专业人士一样玩扑克》带来了一大波的流量。业余玩家们争先恐后地买菲尔·赫尔穆斯的书,希望自己在读了这本书之后也能成为一名扑克高手。

《像专业人士一样玩扑克》进入《纽约时报》畅销书排行榜之后,哈珀柯林斯出版社终于开始行动了!他们向美国各地的数百家书店张贴了海报,与此同时,在亚马逊上也做了大量的推广活动。最后,这本书在图书畅销榜上排到了第三名!菲尔·赫尔穆斯无数次点开亚马逊网站的链接,只为告诉每个人他的书排名如何。当它在亚马逊上排名第988时,菲尔·赫尔穆斯就已经非常高兴了,更别提前100名、前10名、前3名了!

双喜临门,哈珀柯林斯出版社随后告诉菲尔·赫尔穆斯,这本书将被翻译成法语、德语和其他一些语言,销往全世界很多个国家。这让菲尔·赫尔穆斯更开心了,这本书连同扑克这个游戏也在全球兴起。扑克的繁荣时代来了!

一年后,哈珀柯林斯出版社找到菲尔·赫尔穆斯,提出了把关于德州扑克的策略单独出一本书的想法。菲尔·赫尔穆斯同意了,他打算把这部分内容丰富一下,并添加一些赢得无限注德州扑克锦标赛的策略。

后来，这两本书被卖出了数百万册，菲尔·赫尔穆斯感到十分自豪。因为这两本书凝结了菲尔·赫尔穆斯十多年对扑克的理解，而现在它正在全世界传播。书中提到的很多关于各类扑克的前沿技术和技巧，让无数人从中受益。而且，菲尔·赫尔穆斯把这些知识用十分简单有趣的话讲了出来，并用他和其他厉害的扑克选手真实玩过的牌作为案例进行讲解。最令菲尔·赫尔穆斯得意的是，他凭着自己的理解和想象用动物名称给扑克选手进行分类，并准确地讲出了自己的扑克策略。这一切都让菲尔·赫尔穆斯成就感爆棚！

🏆 2004年的WSOP和冠军赛

在《像专业人士一样玩扑克》的最后几章中，菲尔·赫尔穆斯特意写了争夺WSOP金手链的比赛案例。在书中，菲尔·赫尔穆斯提到，在2003年的WSOP上，当陈强尼赢得了2条金手链，道尔·布朗森赢得了1条金手链，菲尔·赫尔穆斯赢得了2条金手链时，WSOP金手链的争夺战就异常激烈了。他们在一年内赢得了5条金手链！进入2004年的WSOP，几个世界上最强的选手的金手链总数量都是9条，四个人并列第一，而且那一年谁都没有赢得金手链。但对菲尔·赫尔穆斯来说，最难忘的是，从2004年的WSOP开始，他可以光明正大地说出那句话："如果不是因为运气，我会赢得所有的比赛。"

这句话是菲尔·赫尔穆斯在比赛的间隙对他的妹妹克里说的，当时他正在WSOP决赛桌上，比赛中场休息，菲尔·赫尔穆斯靠在栏杆上，对妹妹说了这么一句。他以为旁边的摄像机是关着的，没想到摄像机处于工作状态，把他说的这句话录了下来并直播了出去。这句话被ESPN直播到网上，整个扑克界都沸腾了！而此时的菲尔·赫尔穆斯还蒙在鼓里，他甚至不记得自己说了这句话。

总之，一个小小的失误，让这句话成为菲尔·赫尔穆斯的经典名言之一。

菲尔·赫尔穆斯为什么说出这句话呢？原来是因为他刚刚因为运气不好输掉了一手牌。在那一局中，一个玩家用 A♠-3♦ 全下，菲尔·赫尔穆斯用 Q-Q 跟注。结果公共牌发出了这样的牌面：J♦-10♣-7♣-5♦-8♦，直接给对手组成了同花，这可把菲尔·赫尔穆斯气得不轻。ESPN 把这手牌连同那句经典台词直播了出去，很多扑克迷都被菲尔·赫尔穆斯的直率所吸引。

2004 年 9 月 1 日，哈拉斯主管的 WSOP 和 ESPN 联合举办了一场冠军锦标赛（TOC）。这场比赛他们只邀请了扑克界最出名的 10 个人，第一名的奖金是 200 万美元。哈拉斯和他们的合作伙伴为这 10 个人准备了 200 万美元的奖金，等等，什么！200 万美元？那么第二名呢？哦，第二名……没有奖金啊。而且，这场比赛明确规定不允许选手谈任何交易。换句话说，就是哈拉斯不希望他们平分奖金，每人拿 20 万美元。所以，选手们要么拿着 200 万美元离开，要么空手离开。

被邀请参加的有陈强尼、道尔·布朗森、安妮·杜克、霍华德·莱德尔（安妮·杜克的哥哥）、格雷格·雷默、菲尔·艾维、丹尼尔·内格里努、大卫·里斯、T. J. 克劳蒂尔和菲尔·赫尔穆斯。理论上，每个玩家都拥有 20 万美元的股权，因此，玩家可以以 2 万美元的价格出售自己10%的股份给投资者，或者以4万美元的价格出售20%。大多数人都在做交易，但在菲尔·赫尔穆斯看来，这些人所做的一切都是在投机。菲尔·赫尔穆斯没有出售自己的任何股份，他只把自己5%的股份赠送给了他的新经纪人布莱恩·鲍尔斯博作为礼物。菲尔·赫尔穆斯认为，这本来就是一场邀请赛，股份本就是白得的，采取这种模式主要是为了让比赛更刺激一些，那么为什么还要想办法来破坏它呢？如果大家都交换或出售股份，比赛还会如预料的那样刺激吗？于是，在大家都忙着规避风险的时候，菲尔·赫尔穆斯正悠闲地四处旅行，参加签售会。

现在来到了菲尔·赫尔穆斯与陈强尼对战的时间。菲尔·赫尔穆斯以手牌T-T全下筹码，对面的陈强尼以K-K同样全下。陈强尼的牌比菲尔·赫尔穆斯的牌好，接下来就交给运气了。翻牌发出了A-2-2，对两个人都没有帮助；转牌是J，情况还是不妙。到了现在，只有两张T才能让菲尔·赫尔穆斯赢，其余42张牌都会让陈强尼赢，两个人都紧张地看向荷官那双发牌的手。河牌发出了T♦，运气让菲尔·赫尔穆斯赢了！还好这把赢了，不然他就要被淘汰出局了。

比赛还在继续，有人提出了一个方案：他们剩下的四个人筹集100万美元，并根据筹码数量来分配：菲尔·赫尔穆斯会得到34万美元，安妮30万美元，霍华德24万美元,陈强尼12万美元,最后拿到冠军的人再把那100万美元的奖金拆分给众人,弥补前面的投资。这样既不违反规则,又变相把冠军奖金给交易了。大家都同意之后,霍华德·莱德尔改变了主意。在最后一刻,他说:"不,我不做交易了。"(后来菲尔·赫尔穆斯听说霍华德把股权卖给了别人,如果他们做了那笔交易,他就赚不了多少钱了。)行吧,看来大家只能老老实实遵守规则,各凭本事了!此后不久,刚才输掉大底池的陈强尼首先被淘汰。

陈强尼被淘汰后,现在桌上只剩下了菲尔·赫尔穆斯和霍华德、安妮。对菲尔·赫尔穆斯来说,这并不是一个很好的处境。毕竟第一名有100万美元的奖金,第二名和第三名什么也没有。如果他们把自己先淘汰掉,好像也很难指责他们什么。菲尔·赫尔穆斯一直觉得安妮和霍华德是品德很好的人,不至于为了针对他特意做点什么,但为了这笔不菲的奖金,菲尔·赫尔穆斯还是十分留意任何可能对自己不利的事情。

安妮和霍华德打得非常激烈,他们互相轰炸,不断加注,直到筹码全下,在菲尔·赫尔穆斯看来真是太疯狂了!菲尔·赫尔穆斯也不想参与到这两个人的"战争"中,于是早早弃牌了。他并不着急,也不需要着急,因为他有足够多的筹码,完全可以坐在一边看这两个人在干什么。这两个人打得这么凶狠,如果菲尔·赫尔穆斯贸然进入底池，说不定会成为他们首先攻击的对象。

不久，安妮用手牌6-6对霍华德的7-7主动出击。翻牌发出了Q-Q-6，对安妮极为有利，然而，她还是做着双手抱头的动作，看上去很厌恶这个公共牌和不知所措，这演技真是绝了。但是你又不能怪她，对吗？想象一下，你即将超过你的哥哥，那个教你玩扑克的人，那个带你进入扑克世界的人，你至少赢50万美元，而让他空手回家！最后两张公共牌是9-2，安妮击败了霍华德！

安妮安慰了霍华德。随后，她转过来看向菲尔·赫尔穆斯，两个人面面相觑，安妮说："我们打开天窗说亮话吧。"安妮有130万个筹码，菲尔·赫尔穆斯有70万个，但安妮非常欣赏菲尔·赫尔穆斯，于是她提出每人买75万美元的股份，然后玩50万美元。菲尔·赫尔穆斯高兴地同意了，这样一来，他至少可以带回去35万美元！

这是安妮与菲尔·赫尔穆斯对战的时间：在这一局中，公共牌到转牌是10-8-4-4，菲尔·赫尔穆斯的手牌是Q-4，安妮的手牌是J-4。菲尔·赫尔穆斯本以为自己要赢了，结果他的运气不太好，河牌发出了J让他输了。菲尔·赫尔穆斯被淘汰了，但他打心底里佩服安妮的打牌技术！

菲尔·赫尔穆斯在输牌之后情绪非常低落，但当时正在直播，他不得不极力控制自己的情绪。据他说，这是他唯一一次为了镜头而表演，他不停地抽着烟，把抱怨的话压了下去。不过，他平时虽然爱发脾气，但他发脾气的"表演"确实能带来很好的节目效果。哈拉斯就很喜欢看他发脾气，ESPN也很欣赏，2004年的冠军锦标赛的收视率非常好，一部分原因就是菲尔·赫尔穆斯带来的节目效果太好了！

2005年冠军锦标赛大捷

2005年4月底,由于这段时间菲尔·赫尔穆斯的日程非常繁忙,因此他就没有太关注扑克世界发生的事情。当菲尔·赫尔穆斯在周末看到NBC转播的扑克锦标赛时,他都快疯了!他本来打算与凯西和孩子们一起在家度过那个周末,但是冠军赛选手们前一天晚上需要去参加聚会。他只能硬着头皮和凯西说了这件事,好在凯西并没有因此而生气。

当菲尔·赫尔穆斯到达酒店的时候,他发现选手们似乎并不尊重他。菲尔·赫尔穆斯心想:"难道我不应该是最受欢迎的人吗?我有着世界上最好的无限注德州扑克历史纪录,他们居然怀疑我不能赢。"菲尔·赫尔穆斯心里很生气,他感到自己被蔑视了,没有得到一位世界冠军应得的尊重。他气得头发都冒烟了,但那些人就像没察觉到一样继续说说笑笑。这场聚会最后不欢而散,菲尔·赫尔穆斯再也不想和他们说一句话了。

菲尔·赫尔穆斯在参加第一场比赛时表现得很冷淡。他已经几周没有玩过任何扑克游戏了,但他听说顶级职业选手一直在大脑中练习游戏。每个人都认为这场比赛对他们来说意义非凡，他们想尽可能地准备好，在比赛中发挥出最好的水平。不过，菲尔·赫尔穆斯倒不是特别在意这个冠军，但他看到从举办方到选手再到网络都在为这场比赛释放激情的时候，他自己也被感染了，他决定这次好好打，让他们见识一下世界冠军真正的实力！

菲尔·赫尔穆斯相当轻松地赢了前两场比赛，并在无限注德州扑克比赛中表现得非常出色，而他的"表演"还在继续。

在第三轮比赛中，菲尔·赫尔穆斯遇到了他最好的朋友哈克·斯德。菲尔·赫尔穆斯承认，哈克是世界上最厉害的控牌选手之一，所以他拿出了百分百的水准来和哈克打。可惜哈克没有发挥出最好的水平，很快就被菲尔·赫尔穆斯淘汰出局了。

在"精英八强"中，菲尔·赫尔穆斯对战上了魔术师安东尼奥·埃斯凡迪亚。

菲尔·赫尔穆斯和安东尼奥之间有一段有趣的过往。菲尔·赫尔穆斯曾经雇安东尼奥在 2002 年海湾 101 扑克锦标赛期间在自己家举办的一个派对上表演他的扑克魔术。菲尔·赫尔穆斯打趣地说："听说你很厉害，魔术师，我还是提前把你赢的这 500 美元给你吧！"然后他们就玩了起来。菲尔·赫尔穆斯一直在弃牌，等待好牌翻盘，直到拿到了 A-A 手牌，本来翻牌发出了 K-2-2，菲尔·赫尔穆斯基本上已经赢了，没想到转牌发出了 5，让安东尼奥的手牌 5-5 凑成了三条的牌型，打败了菲尔·赫尔穆斯。这让菲尔·赫尔穆斯大为恼火的同时，也佩服安东尼奥的勇气。

后来，在 2002 年 11 月第一届举办的 WPT 中，安东尼奥和菲尔·赫尔穆斯一起打进了最后两桌。那个时候的安东尼奥还只是个扑克桌上的莽夫，他眼看自己只剩下 14BB[①] 个筹码了，就非常焦虑，开始打得松了，菲尔·赫尔穆斯则保持耐心等待机会。由于安东尼奥打得太有攻击性了，桌上其他的人都很难受，只能一直给他偷盲。打着打着，不知怎么回事，菲尔·赫尔穆斯竟然以第六名的成绩被安东尼奥给打出局了，这让菲尔·赫尔穆斯

---

① BB 是扑克术语，全称是 Big Blinds，意思是大盲注。为了提高游戏的可玩性，在比赛开始之前，按照座位顺序有两名玩家要轮流先下注，这两名玩家的位置叫大盲和小盲，其中小盲下注的数量是大盲的一半。

十分恼火。不过，让菲尔·赫尔穆斯更恼火的是，安东尼奥好像是菲尔·赫尔穆斯的"克星"，只要是他们两个人对战，安东尼奥就会变得特别幸运。这样的情况持续了很多年，包括 2004 年的 WSOP 决赛桌，当时安东尼奥有 Q-Q，菲尔·赫尔穆斯有 K-K，但河牌发出的牌却让安东尼奥赢了，那场比赛也让安东尼奥赢得了他的第一条 WSOP 金手链。

安东尼奥现在在扑克界很受欢迎，但当时并不是很讨喜。有一次，他在洛杉矶的 WPT 中打败了菲尔·艾维，并对他大喊："你出去的时候，不要让门打到你的屁股！"这番粗鲁的话在扑克界引起了很大的轰动，众多网友都指责安东尼奥没有风度。

菲尔·赫尔穆斯认为现在的对手是一个克自己的人，比赛还没开始，他在心理上就已经给菲尔·赫尔穆斯造成了巨大的压力。虽然安东尼奥总说一些消极的话，但菲尔·赫尔穆斯知道这个人有着怎样的实力，所以他绝对不会被安东尼奥给骗了！现在，两个人的好戏上演了！

一开始，安东尼奥使用诈唬的策略来试探菲尔·赫尔穆斯，并且有一些收获。菲尔·赫尔穆斯的手牌是 A-9，安东尼奥的手牌是 8-7，他先是在 A♥-5♥-2♦ 的牌面上诈唬菲尔·赫尔穆斯，后来又在 10♥ 的转牌上继续诈唬。最后，河牌又击中了一个红桃，安东尼奥说了句："同花。"菲尔·赫尔穆斯感到非常难受,但也只能硬着头皮打下去。不过令菲尔·赫尔穆斯惊讶的是,安东尼奥亮出了 8♥,而菲尔·赫尔穆斯则是 9♥,菲尔·赫尔穆斯竟然更幸运一些!嗯……也许这次会有所不同!

接下来,两个人又打了几个大底池,安东尼奥输掉了大部分的筹码。这就是一个具有很强攻击性的选手给你带来的希望,你可以引诱他输给你一个巨大的底池,而且这种情况经常发生。只是在你拿到足够好的手牌之前,他会让你非常痛苦。

在正面交锋的冠军赛"四强"中,菲尔·赫尔穆斯遇到了扑克名人堂成员莱尔·伯曼。这个人和安东尼奥有相同的打牌风格,菲尔·赫尔穆斯很幸运,拿到了很多比较好的手牌。每当菲尔·赫尔穆斯拿到很好的手牌时,莱尔就试图诈唬他。所以说,菲尔·赫尔穆斯的运气真的很好!

现在,牌桌上只剩下了 2000 年世界扑克冠军克里斯·弗格森(外号"耶稣")和菲尔·赫尔穆斯两个人,两个人将在这场决赛中一决胜负,胜者就是本届冠军。现在是凌晨 2 点,在过去的两天里,菲尔·赫尔穆斯和克里斯一直保持着每天玩 12 小时扑克的高强度状态,两个人的体力已经达到了极限。

菲尔·赫尔穆斯知道这场比赛会很难打,不过主要的阻力还是来自自己过于疲劳的状态。对手克里斯虽然也很强，但菲尔·赫尔穆斯认为对手在无限注德州扑克方面是无法与自己相比的。不过，现在可不是低估对手的时候，所以他还是要发挥出最好的水平。

菲尔·赫尔穆斯很轻松就赢下了第一局，这让他高兴得想要举起双手欢呼。果然，对手在实力方面比自己差太多了，看来这次的冠军又是菲尔·赫尔穆斯！接着，他又赢下了第二局。

在第三局比赛中，菲尔·赫尔穆斯的表现尤其精彩，我们一起来看看他是怎么表现的。

比赛一开始，菲尔·赫尔姆斯就表现出对克里斯做出加注动作的期待，或许他此时就萌生了埋伏的想法。克里斯加注后，菲尔·赫尔穆斯很快就跟注了。

翻牌发出了 9♦-5♥-2♥，克里斯继续加注，菲尔·赫尔穆斯毫不犹豫地持续跟注。转牌发出了一张 4♥，菲尔·赫尔穆斯似乎有点不易察觉的激动，克里斯决定先过牌，菲尔·赫尔穆斯加注了 4 万个筹码，克里斯也再次加注，并把筹码加到了 12 万个。

这是一个少见的大底池，因为两个人开始的时候筹码都是 60 万个，盲注级别也只有 3000/6000。菲尔·赫尔穆斯有一手强听牌，但克里斯有顺子吗？他是有同花，还是有比菲尔·赫尔穆斯的听牌更大的顺子？菲尔·赫尔穆斯考虑要不要全下，如果他全下，克里斯的牌正好比自己大，那他就麻烦了。弃牌吗？反正自己也没有投入很多筹码，还能等一手更好的牌。菲尔·赫尔穆斯思考了片刻，他认为克里斯应该没有牌了，于是他把60万个筹码全下了！

现在克里斯开始大声说话，看来他没有红桃，也没有更大的顺子，否则他一定会马上跟注。菲尔·赫尔穆斯知道自己的手牌更好，终于松了一口气。但克里斯却说："我想现在大概有11或12张牌会让我输。"菲尔·赫尔穆斯有点困惑，这不太可能是真的，难道说他有K♠-K♥？他以为剩下的九张红桃和两张K能让他赢吗？最后，克里斯说："我跟注。"随后，克里斯翻开了9♥-2♠的手牌。现在，克里斯有四张牌可以赢（两张2和两张9），而菲尔·赫尔穆斯有40张牌能赢。

当荷官开始发最后一张牌的时候，菲尔·赫尔穆斯激动得已经站了起来，打算把手举高庆祝。但荷官说了一句"这张牌是9"，把菲尔·赫尔穆斯又拉回了现实。现场爆发出了热烈的欢呼声。现在回头看视频，菲尔·赫尔穆斯还能看到当他站起来的时候，荷官发出了一张9，菲尔·赫尔穆斯的笑容凝滞在脸上，随即倒在了地上。多么残忍啊！菲尔·赫尔穆斯都已经成功让克里斯筹码全下了，运气却跟他开了这样一个玩笑。

几分钟后，克里斯又从菲尔·赫尔穆斯的手中赢下了一个小底池。随后，两个人便陷入了拉锯战。终于，在凌晨3点半，菲尔·赫尔穆斯以手牌6-5和克里斯的2-2打了起来，菲尔·赫尔穆斯击中了一个6。转牌很安全，只剩下河牌没发了，这一局赢下这个底池看上去是理所当然的事情，菲尔·赫尔穆斯也这么认为，毕竟，只有两张牌能让克里斯赢（两个2），而有42张牌能让菲尔·赫尔穆斯赢。这次菲尔·赫尔穆斯没有提前站起来庆祝，而是等河牌发完。

还好他没提前庆祝，河牌发出了2，又让克里斯翻盘了。震耳欲聋的欢呼声响彻了比赛现场，比刚才更大声。菲尔·赫尔穆斯已经感受不到什么情绪了，反正被捉弄的感觉很不好受。玩扑克嘛，本来就有运气的成分在里面，生气又能怎样？只能显得自己很无力。

凌晨4点，菲尔·赫尔穆斯终于击败了克里斯，拿到了冠军，真是太不容易了。

2005 年 WSOP 金手链之战

在 2003 年的 WSOP 中，几位世界上最强的扑克选手一共赢得了 5 条 WSOP 金手链，而在 2004 年的 WSOP 中，已故的约翰尼·莫斯有 9 条金手链，道尔·布朗森有 9 条，陈强尼有 9 条，菲尔·赫尔穆斯也有 9 条。

这种情况即将在 2005 年的 WSOP 中发生改变。6 月 25 日，陈强尼在 250 美元买入的 WSOP 有限注底池德州扑克锦标赛中击败其他 424 名玩家，赢得了 1 条金手链，暂时领先。第二天，菲尔·赫尔穆斯试图用自己的实力与陈强尼一较高下，他成功进入了 WSOP 有限注底池奥马哈的决赛，但只获得了第八名。

但是道尔·布朗森做到了！在陈强尼赢得第 10 个冠军仅仅四天后，道尔就在 6 月 29 日赢得了 5000 美元买入的无限注底池德州扑克锦标赛冠军。他用击败 301 名对手的战绩来彰显他的真实水平：一位真正的世界冠军！

在 2005 年 WSOP 主赛事的第一天，菲尔·赫尔穆斯在 ESPN 的专题节目中展示了自己疯狂的打牌风格。打牌过程中，他很快就把筹码从 10 000 个积累到 40 000 个。虽然过去的电视报道让菲尔·赫尔穆斯看起来像是一个超级有耐心玩扑克的人，但他相信，2005年WSOP电视报道一定会展示出他的另一面：在那张桌子上快节奏地主导全局！

当菲尔·赫尔穆斯看到ESPN关于WSOP的报道时，却发现事情并没有自己想象得那么美好：镜头并没有体现出菲尔·赫尔穆斯在牌桌上的主导地位，相反，他们播放了菲尔·赫尔穆斯一个惊人的弃牌：他用A♣-K♠加注1500个筹码，后面的玩家加注到3000个筹码，菲尔·赫尔穆斯感觉有问题，但他还是跟注了。翻牌发出了A-4-4，菲尔·赫尔穆斯和对手都过牌了，转牌是Q，菲尔·赫尔穆斯继续过牌，对手加注了10 000个筹码，他感觉对手肯定很强，于是就弃牌了，并向对手展示了自己的牌。这番操作让旁边的选手都惊呆了，因为很少有人在手持A-K的时候还能保持冷静，并在意识到不对劲的时候果断弃牌。然后，菲尔·赫尔穆斯的对手展示了手牌A-A！

菲尔·赫尔穆斯感觉自己受到了鼓舞，他站起来说："亲爱的，他加注我是对的，但他忘记了一件事——我可以躲避'子弹'，宝贝！"当这个节目在ESPN上播放时，整个互联网都沸腾了！首先，许多顶级扑克玩家表示，这是他们见过的最好的弃牌游戏。其次，则是因为菲尔·赫尔穆斯的那句台词："我可以躲避'子弹'，宝贝！"这句话是菲尔·赫尔穆斯的扑克职业生涯里最著名的一句话，还有那句"如果不是因为运气，我会赢得所有的比赛。"

WSOP 于 2005 年 11 月在凯撒宫酒店和赌场举办了另一场 TOC 活动。但这一次，不是像上次那样实行邀请制，而是选手们可以通过报名来参加 WSOP 巡回赛。因为道尔·布朗森、陈强尼和菲尔·赫尔穆斯实在太忙了，没时间参加 WSOP 巡回赛，所以他们没有晋级。因为哈拉斯给比赛投资了 200 万美元，所以他保留了邀请任何他想邀请的人的权利。当哈拉斯查看 TOC 资格赛名单时，发现没什么明星选手，但对一场大型扑克比赛来说，有明星选手参加才有更高的观赏性。所以，最后菲尔·赫尔穆斯、陈强尼和道尔·布朗森还是被邀请来参加这场比赛了。

在参加比赛的前一天晚上，菲尔·赫尔穆斯还在为一个公益基金会举办的慈善扑克锦标赛奔波。他被邀请去当慈善扑克锦标赛的主持人，每晚的工资是 10 000 美元。在慈善活动结束后，他又马不停蹄地坐私人飞机从菲尼克斯飞到拉斯维加斯。

当他坐上飞机的时候，已经是午夜了。他和同伴里克·史密斯开始在飞机上喝酒，两个人很快就喝多了。早上 8 点到拉斯维加斯的时候，菲尔·赫尔穆斯一上床就熟睡了过去，而中午 12 点比赛就要开始了！但菲尔·赫尔穆斯丝毫不慌，反正他经常在比赛的时候迟到，于是他毫无顾忌地睡着了。

当菲尔·赫尔穆斯下午4点醒来的时候，他直接从床上蹦了下来，匆匆忙忙地冲了个澡，喝了一杯咖啡，然后冲向了凯撒宫赌场。菲尔·赫尔穆斯一边赶时间一边懊悔，为什么昨晚没有找个离凯撒宫赌场近一点的酒店呢？

在迟到了四个多小时之后，菲尔·赫尔穆斯终于赶到了比赛的地点。他着急忙慌地一屁股坐在比赛座位上，垂着头，戴着耳机。他感觉到哈拉斯的眼睛正向他发射一道强光，传达出一种责备：“我邀请你来参加比赛，而你却因为宿醉迟到五个小时！”不过他不敢抬头去看，毕竟这次自己做得太过分了！

菲尔·赫尔穆斯感到十分不好意思，他都没脸说话了。于是他打开音乐，让自己冷静下来，耐心地打比赛。好不容易把状态调整好了，他又开始后悔自己昨晚为什么喝那么多酒，真的是太丢人了。在这么紧张的环境下，菲尔·赫尔穆斯竟然坚持到了这一天的比赛结束而没有被淘汰。

在晚饭休息时间，菲尔·赫尔穆斯赶紧坐出租车去昨晚入住的酒店，把东西都搬到凯撒宫酒店。当他回到赛场的时候，已经汗流浃背了，感觉整个人的精神非常紧张。好在这种紧张没有影响菲尔·赫尔穆斯的打牌状态，打到半夜的时候，他的筹码数量开始领先。

时间快进到第二天，这一天陈强尼获得了第 13 名，道尔·布朗森获得了第 10 名，两个人都没有拿到奖金（只有进入决赛桌的前 9 名有奖金）。而状态很差的菲尔·赫尔穆斯竟奇迹般地打进了决赛桌，并在第三天把筹码累积到了第三名，有很大的机会冲击冠军！

菲尔·赫尔穆斯十分激动，不仅仅是因为第一名的奖金有 100 万美元，第二名有 32.5 万美元，第三名有 25 万美元，更是因为第一名会得到一条 WSOP 金手链！

菲尔·赫尔穆斯在想："如果在这场比赛中赢得第 10 条 WSOP 金手链，那真是太完美了！第一名的 100 万美元奖金，三天的 ESPN 报道，WSOP 金手链。我甚至还可以在采访中说：'你们好，全世界的朋友们！你们前几天刚看到我赢了冠军赛的冠军和 50 万美元，现在又在 ESPN 上看到我赢下 WSOP 金手链和 100 万美元。没错，这就是我，菲尔·赫尔穆斯！'这画面也太美了吧！"

在决赛的前一天晚上，菲尔·赫尔穆斯在网上冲浪，看到了扑克传奇人物和未来的扑克名人堂成员迈克·马图索在玩扑克。菲尔·赫尔穆斯就想："我不妨密切关注他一下，明天我们会在决赛桌上相遇，或许我能在看他比赛录像的时候发现他的某些破绽呢！"

第二天的决赛有序进行，打到最后，只剩下了菲尔·赫尔穆斯、迈克·马图索和霍伊特·科金斯三人。霍伊特给菲尔·赫尔穆斯的感觉和安东尼奥很像，是个典型的激进型选手。菲尔·赫尔穆斯知道自己迟早会打败霍伊特，但是霍伊特也明显不是等闲之辈，在之后的很多年，他都是令菲尔·赫尔穆斯头疼的对手之一。菲尔·赫尔穆斯承认，这个人确实有点意思。

这一局，菲尔·赫尔穆斯用 A-8 加注，霍伊特弃牌，迈克全下。菲尔·赫尔穆斯在这次的决赛桌没有刻意控制自己的下注尺度，而是做了一些不同的事情。迈克以为菲尔·赫尔穆斯示弱了，所以他激进地对菲尔·赫尔穆斯发动攻势。菲尔·赫尔穆斯想跟注，然后他数了数筹码，觉得自己可以跟。前一天晚上菲尔·赫尔穆斯研究过迈克，所以他发现了迈克的破绽，而现在，迈克已经暴露了！

要跟注吗？菲尔·赫尔穆斯的心理活动是这样的：

"迈克并不是很强的对手，我不用太针对他。但是，我现在有筹码的领先优势可以打得稍微松一点，A-8 这手牌最好不要弃掉。迈克的手牌很可能是 A-J，如果是那样的话，我就很不利了。虽然现在的机会很好，但我完全可以等一个更好的机会。"

就这样，菲尔·赫尔穆斯临时改变了想法，他弃牌了。随后，迈克展示出了自己 8-3 的手牌。霍伊特在旁边说：

"哟，迈克这牌要是不能击中两个3，就赢不了了！"菲尔·赫尔穆斯后悔不已，他比任何时候都更希望自己能跟那个注！

1小时后，迈克的A-Q与霍伊特的A-K全下了。如果霍伊特赢了，迈克就会直接被淘汰，菲尔·赫尔穆斯就需要和霍伊特争夺冠军的奖金和WSOP金手链，他们可以做一笔交易。但最后迈克赢了，三个人还得继续打下去。随后，菲尔·赫尔穆斯的A-Q对上了霍伊特的A-A，并输掉了一个大底池。这一把的失利直接让他成了三个人里面筹码最少的。最终，菲尔·赫尔穆斯没有和任何人达成交易，获得了第三名和25万美元的奖金。

不过，这对菲尔·赫尔穆斯来说仍然是一个不错的结果！虽然他输了，但他的父亲全程观看了比赛，还为他加油。可惜电视上没有报道关于菲尔·赫尔穆斯的相关消息，只有霍伊特赢得WSOP金手链的消息。菲尔·赫尔穆斯真的很希望自己能上电视，无论是好事还是坏事。

在总统面前演讲

2006年6月6日，菲尔·赫尔穆斯飞往英格兰的约克郡，在约克郡国际商业大会（YIBC）上发表演讲（报酬是65 000美元，外加头等舱机票和酒店）。两天后，菲尔·赫尔穆斯住在了美丽的拉丁公园酒店，下午2点，菲尔·赫尔穆斯正在看自己的演讲稿，突然接到前台的电话。前台询问他是否同意搜查房间，先是警犬，后是警察。菲尔·赫尔穆斯一开始有点震惊，那几秒他把自己这辈子做过的所有坏事都回忆了一遍，确认自己没有犯事。后来前台解释道，因为美国前总统老布什将住在走廊对面的套房里，为了确保前总统的安全，他们需要这样做。菲尔·赫尔穆斯一听，马上就说："没问题，随便搜查，我同意。"菲尔·赫尔穆斯和妻子都很喜欢老布什总统和克林顿总统，不是因为他们的政治主张有多好，而是因为这两位总统任职期间做了很多慈善工作，在民众中的声誉很好。

几小时后，当菲尔·赫尔穆斯走进酒店的楼梯间时，他突然意识到有几双眼睛在看着他。当他走到自己住的楼层打开门的时候，他看到五个特勤人员，其中一个对他说："别紧张，兄弟，你就正常住在这里。"这几个特勤人员里面有一个还是他的粉丝。菲尔·赫尔穆斯回应道："是的，我真的很期待见到老布什总统。"

来到走廊，菲尔·赫尔穆斯发现那三个空房间的门都被关上了，而之前是打开的。菲尔·赫尔穆斯的房间和老布什总统的房间是对门，当他走过去的时候，他突然发现有一个一看就是特工的人在盯着他看。这名特工身着笔挺西装，眼神严厉，右手揣在心脏的位置，一看就是在拿着枪。虽然自己没做什么坏事，但菲尔·赫尔穆斯还是感受到了巨大的压迫感，他紧张而缓慢地走到了门口，没有做什么突然的动作，生怕引起特工的怀疑。

当菲尔·赫尔穆斯走近这位特工时，对方开口了："你好啊，菲尔，很高兴见到你！"看来这人也是他的粉丝，不过特工的手还是保持着掏枪的动作。菲尔·赫尔穆斯打开门回到房间，他决定尽可能少出去，至于食物嘛，让客房服务人员送过来就行。

在发表演讲之前，菲尔·赫尔穆斯有很长一段时间做准备。他的内心十分紧张，为了让自己表现得更好，他特意乘直升机从哈罗盖特到赫尔去演讲一遍，然后飞回来又讲了一遍，其中赫尔的那一场演讲大约有 500 人在听。

菲尔·赫尔穆斯之前也演讲过好几次，效果都很不错。对他来说，在舞台上讲故事是一件很容易的事情，但当他向听众寻求反馈的时候，得到的第一个答案竟是

"我讨厌赌博，所以你一站起来，我就不听了。"然后，第二个人告诉菲尔·赫尔穆斯："你看起来太自负了，很多人的名字你都记错了，你应该摘掉帽子和太阳镜，我觉得你不尊重听众。"菲尔·赫尔穆斯知道英国人很讨厌自负的人，那名听众正好是英国人，所以这让他感到无可奈何。

然后，菲尔·赫尔穆斯在直升机上撕毁了演讲稿，重写了一遍。毕竟这次是在前总统面前演讲，而且还有1600人来听，他真的是紧张死了。

演讲的过程还是很成功的，演讲结束没几分钟，老布什总统和一大群媒体、警察和保镖走到了菲尔·赫尔穆斯面前。老布什总统径直走到菲尔·赫尔穆斯面前，说："你就住在我房间的对面吧！很高兴见到你，我是乔治·布什。你的人生真的很精彩，你能具体聊聊吗？"菲尔·赫尔穆斯非常激动，他滔滔不绝地说了好几分钟自己的生活，当然都是积极的。最后，他还特意告诉老布什总统，他非常喜欢老布什总统和克林顿总统一起为海啸和飓风救援募集资金的慈善活动。

一开始，菲尔·赫尔

穆斯直接叫老布什总统的名字"乔治",但他马上意识到自己做得不对,毕竟自己是美国人,而对方是美国的前任总统,自己应该更尊重一些。菲尔·赫尔穆斯连忙道歉,老布什总统给了菲尔·赫尔穆斯一个温暖而真诚的微笑,并告诉菲尔·赫尔穆斯不要太紧张,想怎么叫就怎么叫。菲尔·赫尔穆斯怀疑保镖把自己的身份告诉了老布什总统,不然他怎么会对自己如此和蔼呢?随后,老布什总统问菲尔·赫尔穆斯是否愿意一起喝啤酒,菲尔·赫尔穆斯表示当然愿意。当天晚上,老布什总统、其他演讲者和菲尔·赫尔穆斯被带到英格兰女王堂兄家参加黑色派对。在派对上,菲尔·赫尔穆斯的演讲还被众人夸赞了一番!

虽然已经很累了,但菲尔·赫尔穆斯还有其他事情要做。第二天,也就是6月10日,菲尔·赫尔穆斯飞往巴黎去打欧洲WPT比赛。

2006年6月12日,菲尔·赫尔穆斯在第一次欧洲WPT比赛中表现出色,坚持到了第三天,从15 000个筹码打到了25万个,但后面失误了几次,最终没有进入决赛,也没有分到任何奖金。在2006年的WSOP上,菲尔·赫尔穆斯在1000美元买入的无限注德州扑克比赛中赢得了第10条金手链,但他依然没有实现"史上最多的WSOP金手链"的成就,虽然他很想成为WSOP金手链最多的那个人,但很多事情强求不来,所以他也并没有为此感到烦恼。不过,别的烦恼却主动找到他头上来了。

第十章 热爱并前进

蒙特卡洛的噩梦

菲尔·赫尔穆斯在扑克界有着极高的声誉，所以他几乎可以随时随地找扑克玩家借到任何他想要的钱。借钱这种事既可以是一种祝福，也可以是一种诅咒。这种祝福有的时候真的很好，试想，如果你某一天出远门打比赛，结果没有带够钱，随时可以借到钱，就意味着能让你不受任何影响地打完计划好的比赛，不至于错过它们。但是，凡事都有两面性，这种借钱如果变得毫无节制，就会让人损失更多的钱，尤其是当你失控的时候。有的人打牌一上瘾，真的能在一夜之间失去毕生的积蓄，所以，如果没有足够坚强的意志，就不要把借钱当成习惯。

2007年3月26日，菲尔·赫尔穆斯很幸运地住进了一间可以俯瞰利古里亚海的美丽套房，这座套房位于蒙特卡洛的一个世界级酒店。2007年3月27日，菲尔·赫尔穆斯在酒店的大堂里遇到了帕特里克·安东尼乌斯和菲尔·艾维。当时，菲尔·艾维和帕特里克是新一代明星选手，在世界上最大规模的扑克锦标赛中有着碾压性的优势，无论是在网上还是在赌场！在金钱和技术方面，这两个人也是世界上最热门的选手之一。

在上一次去蒙特卡洛的旅行中，菲尔·赫尔穆斯在酒店的菜单上看到了一瓶8000美元的香槟，当时他对自己说："如果UltimateBet（简称UB，是一个有名的扑克网站）上市，我下次来这里就会买这瓶香槟。"其实那时，UB已经上市了。但菲尔·赫尔穆斯觉得自己一个人开一瓶这么贵的酒太浪费了，这会引起别人的注意，于是他就没买。随后，菲尔·赫尔穆斯便经历了一次"扑克滑铁卢"。后来，菲尔·赫尔穆斯觉得这肯定是老天看到自己没有实现承诺而降下的惩罚。总之，这次的输牌是菲尔·赫尔穆斯生命中最严重的损失！

菲尔·艾维和帕特里克坐在大厅里玩中国扑克，一分①要1000美元。中国扑克的游戏规则是，玩家得到13张牌，把它们排成三行。底部5张，中间5张，顶部3张。下面一行必须击败中间行，中间行必须击败上面一行。菲尔·赫尔穆斯加入了他们的游戏，三个人一起玩中国扑克，一分1000美元。

事情开始朝着不好的方向发展。接下来，菲尔·赫尔穆斯输了83 000美元，但菲尔·赫尔穆斯觉得只是自己运气不好，于是他提出把一分的钱提高到2000美元。在菲尔·赫尔穆斯输到20万美元的时候，帕特里克退出了游戏。菲尔·赫尔穆斯和菲尔·艾维继续玩，他还是在输，于是他把一分提高到了3000美元。接下来的事情

---

① 这里指的是打牌积分，赢家每击败对手一次，就能赢一分，最后按分数兑换成钱。

大家都知道了，菲尔·赫尔穆斯一共输了 50 万美元，而之前他输得最多的一次是 13.5 万美元（其中大约 10.5 万美元是他自己的）。当菲尔·赫尔穆斯反应过来的时候，他吓坏了，也震惊了！

菲尔·赫尔穆斯一直玩到第二天上午 10 点，一共输了 53.6 万美元。这次输牌给菲尔·赫尔穆斯带来了严重的心理阴影，后来他拒绝打牌最常用的理由就是："我永远不想在一天内损失 50 万美元了！"

这是迄今为止菲尔·赫尔穆斯遭受过的最大的损失！他心烦意乱，突然有了一个念头：既然我这么鲁莽，不妨去做些好事！于是，菲尔·赫尔穆斯快速制订了一个计划：下午 5 点一醒来，就打电话给妻子凯西，开始行动。

菲尔·赫尔穆斯说："亲爱的，我愚蠢地损失了 53.6 万美元！我需要做一些积极的事让自己变好。我想捐一些钱给慈善机构，并提前偿还抵押贷款。不妨记住这一天，我们花了 100 万美元！"

凯西喜欢无国界医生（全球最大的独立医疗救援组织之一），所以菲尔·赫尔穆斯和凯西向他们捐赠了 2.5 万美元，向人类家园基金会（一个慈善组织的名称）捐赠了 2.5 万美元，并偿还了 41.4 万美元的抵押贷款。在支票被邮寄出去之前，菲尔·赫尔穆斯一直没有挂断电话。

因为他没有买那瓶香槟，所以损失了 53.6 万美元，这听起来似乎有点不可思议。那天晚上，为了弥补自己，菲尔·赫尔穆斯花了 4400 美元买了一瓶他一直想喝的 1958 年 Yquem 城堡（一种酒的名字）！但他仍然觉得没有履行好对自己的承诺。

后来，菲尔·赫尔穆斯报名了欧洲扑克巡回赛（EPT）蒙特卡洛站，准备赢回他损失的现金（第一名的奖金是 180 万美元）。第一天，他以手牌 Q-Q 和对手的 A-A 对上了，因为没有输很多的筹码，所以不算输得太惨。然后，他的 K-K 又碰上别人的 A-A，他又输了，这是什么破运气！第二天，菲尔·赫尔穆斯直接被淘汰了，他恼火地想："这到底是怎么了？"先是 53.6 万美元，然后 EPT 的三连败？这让本来就有点迷信的菲尔·赫尔穆斯察觉出事情有些不对劲，难道是有什么预兆告诉他应该尽快离开蒙特卡洛？好吧，既然这样，那现在就走吧！

菲尔·赫尔穆斯立刻采取了行动，他直接回到酒店，想租一架直升机去看望他在意大利博尔米奥的姐姐，但是没租到直升机。他现在又累又偏执，坚持要马上离开蒙特卡洛，谁知道后面还有什么坏事等着他呢！最后，菲尔·赫尔穆斯考虑了很多可能性之后，雇了一个私人司机开车送他去博尔米奥。私家车开了整整 7 小时，从晚上 10 点开到早上 5 点，但菲尔·赫尔穆斯格外安心。

菲尔·赫尔穆斯又在妹妹克里家附近住了五天，住在巴格尼诺维大酒店，那里有古罗马浴场！菲尔·赫尔穆斯想让自己好好休息一下。当他在享受按摩和沐浴时，心里已经在期待 2007 年的 WSOP 了……

刺激的 2007 年 WSOP

在 2007 年 WSOP 开始的前一天，也就是 2007 年 5 月 30 日，菲尔·赫尔穆斯决定在里约热内卢酒店参观 WSOP 赛区。WSOP 的专员泰·斯图尔特带着菲尔·赫尔穆斯参观，并对他说："菲尔，你不要走漏风声，虽然我们还没有向媒体宣布，但你将在 7 月 6 日进入扑克名人堂。"天哪，这也太令人兴奋了，菲尔·赫尔穆斯赶紧打电话给妻子和父母，告诉他们这个激动人心的消息！菲尔·赫尔穆斯知道自己迟早会进入扑克名人堂，在 2001 年的时候，如果他赢了 WSOP 主赛事冠军而不是第五名，他当时就可以进入扑克名人堂了。现在他的夙愿终于要达成了！顺便说一下，在 2007 年 WSOP 之前，这几个人的 WSOP 金手链数量分别是：陈强尼 10 条、道尔·布朗森 10 条、菲尔·赫尔穆斯 10 条、已故的约翰尼·莫斯 9 条。

2007 年 6 月 9 日，菲尔·赫尔穆斯的妹妹莫莉给他发邮件写道："我知道你会在 6 月 11 日赢得第 11 条 WSOP 金手链，你说过要为我赢得这第 11 条 WSOP 金手链，因为我生于 1971 年 11 月 11 日。"莫莉的语气是那么的坚定！菲尔·赫尔穆斯喜欢这句话给自己带来的希望。他从不怀疑对自己有利的预言，而这种心理暗示也或多或少地影响到了他实际的运气。

6月9日，菲尔·赫尔穆斯参加了1500美元买入的无限注扑克锦标赛（2624名选手参加）。菲尔·赫尔穆斯一家还有后备计划，如果没有赢，他们就去看一场演出，就连全家人的票都提前买好了。所以，当菲尔·赫尔穆斯参加比赛时，他一直留意着时间。晚上8点45分，他等来了一手牌，而他的家人影响了他的行动。那手牌是这样的：一个玩家加注之后，菲尔·赫尔穆斯以T-T跟注。然后，一个坐在大盲位的选手把筹码全下，刚才加注的人弃牌了。

菲尔·赫尔穆斯的筹码数量排名前十位，那位全下的玩家同样如此。当菲尔·赫尔穆斯正在考虑是要跟注还是弃牌的时候，他忍不住想：

"这个玩家应该有A-K或一个大对。所以，我要么用小对对大对，要么看运气。如果对面是A-K，通常情况下，我会弃牌，因为我的筹码太多了，不至于用T-T跟注。但现在我想跟注，因为我想和妻儿去做计划中的事情，度过一个美好的夜晚。所以，今天我要么带着家人出去玩，要么赢下很多筹码继续玩。"

于是，菲尔·赫尔穆斯跟注了，对手果然是A-K，最后菲尔·赫尔穆斯以9-8-5-2-8的牌面赢了这个底池。

就这样，菲尔·赫尔穆斯一直打到了决赛桌。他的心态非常消极，感觉很烦躁，一直在抱怨。但他很快就调整好了状态："别分心，对你的对手友好一点！"后来，他让自己冷静了下来，并赢得了第 11 条 WSOP 金手链和 63.7 万美元的冠军奖金。

七天后，也就是 2007 年 6 月 18 日，菲尔·赫尔穆斯进入了一场 3000 美元买入的比赛决赛（由 827 名选手参加）。在那一天即将打完的时候，有人告诉菲尔·赫尔穆斯，这是他的第 39 场决赛纪录——他追平了 T. J. 克劳蒂尔。又是一项新的世界纪录！菲尔·赫尔穆斯很有成就感，他知道这条路都是自己一步一步走过来的。

ESPN 是报道 WSOP 赛事的主要媒体，他们告诉菲尔·赫尔穆斯，现在节目的收视率在很大程度上取决于菲尔·赫尔穆斯，因为大家都爱看他。但是在这场比赛中菲尔·赫尔穆斯只拿到了第六名。如果拿到了冠军，他就会成为 WSOP 金手链最多的拥有者了。

在 2007 年 WSOP 开始的几个月前，菲尔·赫尔穆斯和他的律师丹·弗里德伯格谈论起他代言的公司。丹说："你就像一个纳斯卡（全国股票汽车赛车协会）车手，到处都是你的代言！"然后菲尔·赫尔穆斯说："我为什么不穿着纳斯卡车手的装备去参加 WSOP，把我代言的公司所有的标志都贴在我的西装上呢？这样一来，代言效果肯定杠杠的！"

说干就干，菲尔·赫尔穆斯打电话给约翰·博内蒂，问他的孙女娜塔莎是否可以帮他做两套纳斯卡的服装（连体衣），一件黑色的，一件金色的。并且，衣服上贴满他代言的各种公司的标志。

UB知道菲尔·赫尔穆斯的想法后，也非常支持他，他们和菲尔·赫尔穆斯商量一番后，决定让菲尔·赫尔穆斯在参加主赛事的时候穿上这身衣服、开着纳斯卡的赛车进场。这一定很酷！到时候把广告片也拍下来！

时间很快就来到了2007年WSOP主赛事开始的那天。菲尔·赫尔穆斯开着一辆被漆成了黑色和黄色（UB主页的颜色）的纳斯卡赛车出现了，他的头像被涂在引擎盖上。菲尔·赫尔穆斯觉得这简直太酷了！

可能是太激动了，菲尔·赫尔穆斯想要在空旷的场地试试这辆车到底能跑多快，于是他一脚把油门踩到底，赛车直接原地起飞。这速度直接把菲尔·赫尔穆斯吓傻了，更糟糕的是，这辆车还没有后视镜和安全带。就这样，菲尔·赫尔穆斯开着赛车瞬间冲出停车场，然后飞快减速做了一个极限的漂移躲开了前面的皮卡，最后重重地撞在水泥柱上。

下车后，菲尔·赫尔穆斯感觉自己头晕目眩，非常茫然。他感觉自己的右肩膀越来越疼，被带到WSOP的一间客房后，菲尔·赫尔穆斯的头还是嗡嗡的。WSOP的工作人员正在急着对外宣布菲尔·赫尔穆斯没有受伤，菲尔·赫尔穆斯打电话问凯西他现在需要冰敷还是热敷，要不要按摩一下。凯西让他冰敷，不要去揉受伤的地方，但1小时后，菲尔·赫尔穆斯的肩膀感觉更疼了。

几小时后，这条赛车事故的视频在网上疯传，菲尔·赫尔穆斯发现自己再次成了ESPN体育中心的一大焦点。网上还出现了一系列的文章，有人猜测整件事是一个噱头！不过，菲尔·赫尔穆斯并不介意，反正网络上的消息都是真真假假的，好在自己没什么大碍。

在这里，菲尔·赫尔穆斯得到一个很重要的教训：开车一定要小心，尤其是开不熟悉的车！

2008年WSOP主赛事："嘴炮小王子"上线

在2008年的WSOP中，菲尔·赫尔穆斯有两次机会赢得WSOP金手链，但都没成功。首先，他在5000美元买入的(可回购)奥马哈扑克锦标赛中打进了决赛桌，结果获得了第八名。15天后，他又在一场1500美元买入的扑克锦标赛中打进了决赛桌，这场比赛有803名选手参加，如果能赢得这场比赛的冠军，可真是一件令人开心的事情！要知道，他的11条WSOP金手链都来自德州扑克锦标赛。

在去年的WSOP中，菲尔·赫尔穆斯开着纳斯卡赛车进入主赛事出现了事故。2008年，菲尔·赫尔穆斯决定还是安全第一，这次他扮演巴顿将军入场，开着里约热内卢酒店提供的军用吉普车，穿着巴顿将军的服饰，并在11位"士兵"演员的护送下入场。于是，UB提前几个月就开始拍摄菲尔·赫尔穆斯扮演巴顿将军的电视广告。

这一次，菲尔·赫尔穆斯决定低调行事，他不能太张扬，让全场都注意到他，毕竟他是来参加WSOP的，又不是来表演节目的。

这次比赛中他的运气还是不好。当时场上还有 100 多名选手，有个人用 T-4 加注到 25 万个筹码，菲尔·赫尔穆斯用 A-K 跟注。翻牌是 T-9-7，菲尔·赫尔穆斯过牌，对手加注，菲尔·赫尔穆斯弃牌。当他看到对手的手牌时，他感觉非常荒唐，在 WSOP 主赛事的最后 100 名选手中，有人用 10-4 加注，还赢了他 25 万个筹码！

菲尔·赫尔穆斯气得破口大骂，情绪失控的他最终因不断斥责另一名玩家而受到工作人员的警告。其他选手，包括他的朋友迈克·马图索，都建议他停下来。尽管如此，他继续辱骂对手，直到他受到一个回合的处罚。

有人拍下了菲尔·赫尔穆斯的这段谩骂视频，并数出他一共骂了对手 51 次"白痴"。这件事成为当年 WSOP 最火的事情，整个世界都看到了菲尔·赫尔穆斯脾气不好的一面。从此，"坏脾气的扑克顽童菲尔·赫尔穆斯"成了他永远撕不掉的标签。

由于这是第 5 天比赛的最后一局，WSOP 的工作人员当晚开了一个会议，商议是否在第 6 天开始时惩罚菲尔·赫尔穆斯一个回合，毕竟他辱骂对手的影响太恶劣了。一个回合的惩罚会让菲尔·赫尔穆斯损失 35% 的筹码，也会减少他获胜的机会！但根据规定，他确实应该受到惩罚。经过几小时的讨论，WSOP 官方决定免除菲尔·赫尔穆斯的这次处罚，但强制他接受 WSOP 工作人员的敏感性培训。

在敏感性培训中,菲尔·赫尔穆斯的心态发生了一些转变,他意识到自己不应该让别人难堪。于是,他真诚地表示,如果以后自己再做过分的事情,他愿意接受惩罚。

USO 扑克巡演和黑色星期五

多年来，菲尔·赫尔穆斯一直在等待一个支持军队的机会。在菲尔·赫尔穆斯看来，军人们保家卫国，是值得尊敬的人，无论哪个国家的军人都是令人敬佩的！所以，当菲尔·赫尔穆斯被邀去做一次正式的联合服务组织（USO）巡演时，他欣然接受了！安妮·杜克和她的哥哥霍华德·莱德尔、汤姆·杜万和哈克·斯德也是如此。他们五个人将组成第一次USO扑克巡演的队伍。

2010年4月，USO的原计划是他们五个人在科威特的弗吉尼亚营和比林营，以及卡塔尔的一个基地开展USO扑克巡演。但随着日期的临近，USO取消了卡塔尔段的行程，因为他们认为这段行程太危险了。所以，实际的行程比计划中的要少很多，本来打算十天半个月的旅行，现在一周就可以结束了。

当他们降落在科威特时，科威特海关的人告诉菲尔·赫尔穆斯，他也是菲尔·赫尔穆斯的粉丝。菲尔·赫尔穆斯很惊讶，没想到在科威特也有人喜欢他。他们的第一站是科威特城的一家酒店，USO建议他们不要离开酒店，因为在外面无法保障他们的安全。不过哈克·斯德和汤姆·杜万冒险去科威特城游玩了。

第二天早上，他们乘坐巴士前往科威特的弗吉尼亚营地。第一项任务是会见基地指挥官，他们和基地指挥官围坐在桌子旁，问了很多问题，比如军队平时都做什么、食物如何运过来、军队能不能离开基地之类的。当众人要离开的时候，指挥官告诉他们："我已经和数百个名人做过这样的事情了，以前从来没有人问过这么多好问题，我很喜欢这种方式。"

下一站是 USO 大楼，那里有 50 张扑克桌，准备进行一场无限注扑克锦标赛。菲尔·赫尔穆斯作为主持人，在接下来的 6 小时里，他要拿着麦克风解说比赛。菲尔·赫尔穆斯在这里彻底放飞了自我，他用麦克风说唱；大声喊出选手的心理活动，还趁机取笑哈克、安妮他们的操作，玩得不亦乐乎，整个比赛场地都充满了欢乐的气氛。他们在每一站都拍了数百张照片，并签了数百个名。在五天内参加了四场比赛之后，菲尔·赫尔穆斯已经筋疲力尽了，但他非常高兴，因为他为军队做出了自己的贡献。

2010 年 4 月 15 日星期五的早晨，五个人回到美国，听到了毁灭性的消息：美国政府将执行《非法互联网赌博执法法案》(*UIGEA*)，并采取了光速行动，关闭了所有互联网扑克网站。菲尔·赫尔穆斯感觉像是遭到了背叛：

他们辛辛苦苦为国家做了一次 USO 巡演，结果政府却关闭了在线扑克。

扑克界称这一天为"黑色星期五"，这让菲尔·赫尔穆斯感觉很受伤！他本来要签下一份价值 3000 万美元的合同来代言全速扑克，他已经完成了在 UB 的任务，还帮助 UB 建立了网站，然而，现在这一切都白费了。

菲尔·赫尔穆斯心里十分抗拒美国政府取消在线扑克，数百万热爱扑克的美国公民都很痛心。菲尔·赫尔穆斯的英国朋友告诉他："这种情况在英国是永远不可能发生的，没有人敢那样剥夺我们的权利。你们这些美国人！先是 20 世纪 20 年代的禁酒令，后是政府取消在线扑克。这只是表明你的国家是多么的年轻！"

后来，菲尔·赫尔穆斯听说体育博彩合法化即将来到美国。如果是这样的话，那么扑克早晚都会合法化。毕竟体育博彩不是一种技能游戏，而扑克则是。

展望美好未来

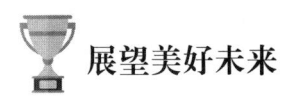

菲尔·赫尔穆斯花了几十年的时间致力于扑克事业，但没有结交到很多非常亲密的朋友。直到他40多岁，他才发现自己其实是很需要好朋友的，并为此付出了很多努力。现在，菲尔·赫尔穆斯可以开心地向朋友分享自己内心的想法，倾诉衷肠，讨论深刻的问题，他觉得这就是在分析最真实的菲尔·赫尔穆斯。

菲尔·赫尔穆斯觉得自己很幸运，能有比尔·李和查马斯这样的好朋友，他们看到了菲尔·赫尔穆斯在扑克游戏中偶尔的"扑克小子"行为。他很幸运，有一群朋友可以对自己说："我爱菲尔，当他在牌桌上输掉筹码的时候，能让我笑得那么开心。菲尔无法控制自己，因为他是一个战士，讨厌失败！我喜欢菲尔这种夸张的表演，当我输了一大底池时，我也会有这种感觉。"有一群能完全接受你的朋友真的很好！

回顾菲尔·赫尔穆斯的前半生，从1988年3月起，他的人生目标如下：

1. 在WSOP中赢得"大赛事"（主赛事）冠军。

2. 遇见并娶一个了不起且能忍受我坏脾气的女人。

3. 写一本《纽约时报》畅销书。

4. 买一所漂亮的房子。

5. 买一辆漂亮的车。

6. 赢得很多大型扑克锦标赛。

1993年，他补充道：成为有史以来最伟大的扑克玩家，而现在他已经是世界上获得WSOP金手链最多的扑克玩家了。

后来，菲尔·赫尔穆斯为自己增加了年度目标，用于激励自己去挑战更有难度的事情。

以前和现在的目标的不同之处在于：他增加了友谊目标。随着年龄的增长，菲尔·赫尔穆斯终于明白了拥有好朋友并保持长久的友谊的重要性！

菲尔·赫尔穆斯最想实现的目标是出版《积极的菲尔的五大人生秘诀》一书。因为他觉得积极主义可以帮助成千上万的人获得信心，让人们的内心变得更强大，不要被憎恨蒙蔽双眼，而要欣然接受生命中的一切。

未来，菲尔·赫尔穆斯期待着自己能够为慈善机构筹集1亿美元，期待着和乔、妮可一起看金州勇士队的比赛，期待着ESPN播出他参加WSOP主赛事的报道，或者更好的是，赢得WSOP主赛事，期待着在接下来的20年里至少主持两三档电视节目，期待着和朋友在比尔家打全场篮球,期待着至少赢得五次WPT冠军,期待着赢得20条、30条甚至更多WSOP金手链,期待着和珍爱的妻子凯西,以及他们的儿子菲利普和尼克一起有一个美好的未来!